# 有效应酬是一门技术活

李世强　编著

金城出版社
GOLD WALL PRESS
·北京·

图书在版编目(CIP)数据

有效应酬是一门技术活 / 李世强编著. —北京：金城出版社有限公司，2021.6

ISBN 978-7-5155-2199-2

Ⅰ.①有… Ⅱ.①李… Ⅲ.①人际关系—通俗读物 Ⅳ.①C912.11-49

中国版本图书馆 CIP 数据核字(2021)第 088329 号

**有效应酬是一门技术活**

作　　者　李世强
责任编辑　张礼文
责任校对　丁洪涛
开　　本　710 毫米×1000 毫米　1/16
印　　张　15
字　　数　120 千字
版　　次　2021 年 6 月第 1 版
印　　次　2021 年 6 月第 1 次印刷
印　　刷　三河市悦鑫印务有限公司
书　　号　ISBN 978-7-5155-2199-2
定　　价　45.00 元

出版发行　**金城出版社有限公司**　北京市朝阳区利泽东二路 3 号　100102
发 行 部　(010) 84254364
编 辑 部　(010) 84250838
总 编 室　(010) 64228516
网　　址　http://www.jccb.com.cn
电子邮箱　jinchengchuban@163.com
法律顾问　北京市安理律师事务所（电话）18911105819

# 在无效应酬中吃过的那些亏（代序）

## 一

某杂志社编辑向我约一篇稿费从优的稿子，要我两个星期内交稿，否则另请高人。

这篇稿子，我酝酿了很久，早已成熟，一挥而就的事儿。三千字，连玩带写一天足矣。单位不需坐班，我决定周末写出来。

周四，退休在家的白老师在微信群里张罗，周末老同事必须聚一下。我的那些老同事，基本都是北京土著，受组织照顾多年，有房N处，月收房租×万，退休工资比我这个上班的还高一大截。我之所以很少和他们联系，是因为和他们见面之后，他们总是习惯对以谋温饱为主业的我指点江山，还快意恩仇兴高采烈地哪壶不开提哪壶。

他们以此为乐，乐此不疲，而我却伤不起。

我好不容易得到卖身也卖艺的机会，便委婉谢绝，准备周末在家赚这个月的烟酒钱。

已经跳槽到国企做行政工作的小涵，是我的老乡。我们私交不错，虽不经常见面，偶尔也会小聚。她义正词严地指出，老同事盛情邀请，不去不近情理，辜负老同事的善意，你无理由拒绝。

没钱的人还是要脸的，我觉得小涵言之有理。

有钱且有闲的退休老同事在一起，所聊话题只局限于健身、养生、带孙子和养宠物，或者骂骂单位在任的领导，剩下就是大口吃肉大碗喝酒。

对于他们聊得眉飞色舞的话题，我既无经验也无体验，除了洗耳恭听之外，也只能默默地喝酒。

这些老同事，好像好不容易逮住忠实听众一样，万事通百事达，似乎有说不完的闲话。你一句，他一句，聊得不亦乐乎，不知不觉三个小时过去了，众人依然聊得酣畅淋漓。我坐得筋骨酸痛，几次欲起身告辞，均遭老上司呵斥，只能身在曹营心在汉地忍受着各种尴尬。

这次聚会，加上路上消耗的时间，总共花掉我七个小时。

树朦胧鸟朦胧的我，回到家里打开电脑后，却酒劲儿上头，困得睁不开眼睛，于是想到床上静一静。一觉醒来，已是晚上九点，我头疼得厉害，写作状态全无，只能洗洗睡了。

## 二

第二天，为了养足精神，我故意起得很晚。吃罢早饭，我调整好情绪，迅速进入写作状态，准备一气呵成。

我刚把标题写好，小涵便打来电话，哭着说有重要事情必须与我面谈。我再三询问，小涵支支吾吾，貌似真有大事发生。见死不救假仗义，我飞身下楼，直奔相约地点。

我见到小涵时，已近中午。经友好协商，我们决定到她家附近找个能吃饭的咖啡馆边吃边聊。

第一家，能喝咖啡不能吃饭，我们只好放弃。小涵说三公里外还有一家，于是我们赶往那里。在门口停好车后，我们才发现那家咖啡馆因装修停业。

我打开高德地图搜索，发现距此两公里外还有一家。我们急匆匆赶过去后，在方圆一公里内绕了三圈，也没有找到停车的地方。我们对那里不熟悉，无奈之下赶往单位附近常去的茶馆。

这顿折腾，又花掉一个小时。

坐定之后，小涵才告诉我，她和老公吵架了，想找人说说话。她把手机通讯录翻看三遍，也找不到适合的倾诉对象。无奈之下，她才把我这个老男人列为不二人选。

我们的单位，就是现实版的《甄嬛传》，不善于斗智斗勇的小涵，无法忍受有功不赏无过也罚的制度，托老公的关系改换门庭。自入职以后，那家公司虽然每月如数给她发工资，却不给她安排具体工作。她在公司里，除了上网、聊闲，再无他事，甚至连迟到早退都无人过问。

小涵觉得自己就像一条肥硕的寄生虫，靠关系吃闲饭，刷不出存在感，所以非常苦恼。她向老公提出换工作，老公陈谷子烂芝麻地翻了N篇旧账，抱怨小涵有N多缺点弱点。

两个人交流节奏不对，于是发生口角。

小涵随后向我讲述她老公的各种不是，讲得咬牙切齿，恨得泪水涟涟。从恋爱到结婚，好像她老公对她一直实行有计划有预谋的欺骗。

在我讲今比古、苦口婆心的劝慰之下，小涵心情变好时已是晚饭时间，我赶紧起身告退。小涵突然接到另外一个老乡的电话，说他们在附近把酒言欢。我连连摆手，不料不想回家又想喝酒的她，已经把我们在一起的事说出去了。

我接过电话，告诉老乡我家里确实有事，要求改日再聚。我和小涵出门时，体重一百二十公斤、身高一百九十厘米，喝得面红耳赤的老乡，已经盛情来接。他不听我解释，也不许我拒绝。

酒后，我花一百五十元钱，找个代驾把车开回家时，已近午夜。我连澡都没洗，倒头便睡。

年老色衰，酒量不再。连喝两顿酒，周一一整天，我都处于迷瞪、恶心、乏力状态，不得不把该做的工作推到周二。

## 三

这种情况，不是偶然，而是经常，闹得我现在都不敢做计划。我的计划，随时都有可能被意料之外的一些人、一些事强行改变。

本来计划晚上早早上床补觉，结果同学发起微信语音聊天。我不好意思拒绝，就和他们天南海北古今中外地扯到凌晨。

本来计划在不上班的时间抓紧写稿子，结果失业在家的邻居敲门进来。我碍于面子，又花掉半天时间，忍气吞声地听他忧国忧民。

……

有人笑我定力不强，有人批我原则不够。没错，正因如此，我没有成为唐家三少。坐高铁的两个小时，我热心为老公出轨的女同学出谋划策，唐家三少却能专心为自己的小说更新精彩纷呈的一万字。这就是差距。

我们总是惦记做别人心目中的好人，并在此过程中，一次次进行那种对工作或事业毫无益处的无效应酬，并在无效应酬中变成闲人、庸人。

一事无成的原因，就是我们一事未做。总说自己忙，其实连自己都不知道自己到底为谁辛苦为谁忙。没有目标地乱忙，对自己、对家人来说，就是耍流氓。

多情必被闲人扰，落花流水负一生。

现在，不甘心随波逐流的我，不怕应酬，而怕无效的应酬，怕得魂飞魄散。对于那些无效应酬，我是真心躲不起、伤不起。

有效应酬，也是斗智斗勇的过程。我们从中学会聪明地进攻，还学会智慧地防守。无论有效应酬多难多惨，都能培养我们强大的征服欲和战斗力。

无效应酬就像苍蝇，无孔不入，防不胜防。这个过程中，一些人磨、缠、绕、扯、拉、滚六门绝世武功，对于像我这样碍于情面、定力不强的人，具有无比巨大的杀伤力。

经常参与无效应酬，会拉低智商蚕食视野，内心堆满精神垃圾，导致我们心理怠惰精神迟钝，怕劳力怕劳心，最后变成沙发上的一堆肉。

这就是我们生于原创，却活成盗版的真实原因。

## 四

面对那些无效应酬，我们为什么要明知山有虎偏向虎山行呢？

这是因为，在我们成长过程中，有三个观念已经根深蒂固，且野蛮生长，随时都能影响我们的取舍。

它们是：

一、在家靠父母，在外靠朋友。少生孩子多栽树，多个朋友多条路。因为不知道哪片云彩会下雨，所以逢人便磕头，遇庙就烧香。

二、关系社会，关系就是生产力。朝中有人好办事，一定要把生人混熟、把熟人混铁。闲来没事多联系，关键时刻才给力。

三、人缘好，口碑好，麻烦才会少。谁在人前不说人，谁的背后无人说？人多嘴杂，无事生非。为了给别人留下好印象，无原则地装仗义，没底线地扮大方。为了别人舒心痛快，我们能忍则忍，能让则让。

这三种观念存在，我们强迫自己去参加一些无效应酬。对此，我们也恨，不敢爽快直接地对那些无效应酬说不，而是希望一些人能自省自悟自觉。

无效应酬中闲人多。闲人有闲人的特点和嗜好，并认为我们也和他们一样，活着就是为了打发时间，或者被时间打发。

闲人有哪些特点和嗜好呢？

一、有闲心，有大把时间，但不能独处；二、没有大目标，小富既安；三、除了自己，事事上心，关心别人胜过关心自己；四、鉴别能力差，基本没有原则性，小道消息有力传播者；五、脸皮较厚，不知道自爱自控自觉为何物。

从闲人以上五个特点和嗜好，我们可以看出，他们不但自己甘于平庸，还致力把别人变平庸。所以，他们会以图财害命的方式浪费别人的时间，会以愚公移山的方式戕害别人的理想。

闲人以此为业，以此为乐，不可能自爱自控自觉。

因此，在为了避免身边闲人的直接影响，在与他们共处时的无效应酬中，我们应该坚持以下五条原则：

一、在无效应酬中，就事言事，有一说一，说完就撤。

二、与自己实现目标无关的无效应酬，没有理由制造理由坚决取缔。

三、主动屏蔽产生无效应酬的渠道，不给那些闲人提供任何切入的机会。

四、不要指望闲人自觉，不要考虑他们的感受。

五、坚定自己的目标，让自己忙起来。

是为序，供朋友参悟。

# 目录

应酬

# 第一章

## 打铁还需自身硬，让别人明白你的价值

## 在没人关注时，积极地“秀出自我”

很多人都知道应酬的重要性，也在学习应酬的技巧，却发现自己的“热脸”经常贴在“冷屁股”上。为什么会出现这种情况呢?自己需要好好反省一下，究竟是什么原因导致自己会有如此的遭遇，要用什么方法摆脱这样的困境。

一个人要想有所成就，就要恰当地“秀出自我”，积极主动地把自己的价值展示给别人看，而不要奢望别人主动关注自己。尤其是职场新人，更应该在适当的时机“秀出自我”，这不失为一个引人关注的好方法。

一个衣衫褴褛的小男孩跑到正在修建高层建筑的工地上，向一位衣着十分考究的建筑承包商请教：“请您告诉我，我要怎么做，长大后才能像您一样富有?”

承包商看了看小男孩，回答说：“我的方法就是让你去买一件颜色比较鲜艳的衣服，然后埋头苦干。”

小男孩满脸困惑，百思不得其解，只好再次请教承包商。

承包商指向那些正在作业的工人，对小男孩说：“那些工人全是我的手下，我没有办法把每个人的名字都记住，甚至对一些人没有任何印象。但是，你仔细瞧，他们当中有一个穿红衬衫的工人给我留下了深刻的印象。他工作很卖力，每天总是第一个上班，最后一个下班。

“为什么我对他的印象这么深刻？就是因为他那件显眼的红衬衫。我最近正准备提拔他担任监工。我相信他会因此更加努力地工作，说不定在短时间内他就会成为我的副手。

“小伙子，我也是这样一步一个脚印地走过来的。我工作时比别人投入了更多的精力。如果当初我选择跟大家穿一样颜色的衣服，恐怕就没有现在的我了。所以，我选择每天穿不同颜色的条纹衬衫去上班，同时也更加努力。不久，我就出头了——老板提拔我当工头。后来，我有了一定的积蓄，自己就当了老板。”

著名剧作家萧伯纳说过一句非常富有哲理的话：“征服世界的将是这样一些人：开始的时候，他们试图找到梦想中的东西。最终，当他们无法找到的时候，就亲手创造了它。”

使成功者走向成功的真正原因，不仅是他们善于把握机会，更重要的是，他们善于创造机会。就像上述案例中的承包商一样，他就是因为把握住并创造机会才成功的。

有一道经典的面试题：“说说你如何胜任这个岗位？”

很多人都想讲述自己的优势，恨不得把自己小学五年级获得三好学生荣誉的事都搬出来。这些人看似很优秀，谋得岗位的机会也更大，但是成熟的 HR 是不会录取他们的，因为 HR 从他们的回答中看到了他们对这份工作并不自信，并期待其他面试者做以下回答。

最能令人眼前一亮的回答是：从企业本身谈起，然后把你的优势和企业的需求结合到一起说。

前不久，赵敏去一家中学培训机构面试教师，HR 看了看她的简历，发现她只有一年多的助教经验，便问："你觉得自己能胜任这个岗位吗?"

赵敏回答："现在的家长越来越注重孩子的教育。贵公司近年的发展也很快，前来报名补课的学生也越来越多。我在大学时一直学习授课技巧，研究青少年心理学，为此我还制订过详细的教学计划和总结心理辅导办法，在××学校实习时还得到了校领导的认可。如果我在贵公司工作，应该对提高学生成绩很有帮助。"

在面试时，HR对赵敏的个人经历并不十分感兴趣，他们最关心的是赵敏能否为公司带来效益。所以，这时候赵敏不用一一列举自己曾经获得的奖项，只需讲出重点，就能给HR留下深刻的印象。

主动"秀出自我"是改变怀才不遇境况的最佳办法，在合适的时机和场合向领导展示自己的能力，才有可能得到领导的赏识。

总之，"秀出自我"是一门学问。如果你掌握其中精髓的话，可以使自己立于不败之地；如果不懂或者不想，就只能平平淡淡地度过一生了。

## 一种好声音，让你在应酬时更具魅力

每个人的吸引力，都可以通过外貌、声音、说话内容、行为方式等得到放大和提升。我们在应酬时能否取得对方的信赖和好感，很大程度上取决于我们的口头表达能力和说话技巧。

一个人魅力的大小，与他说话的声音有密切的关系。我们的说话声音总是在变化，其实它是随着我们心理的变化而变化的。它对我们如何感知自己、感知他人都有着深刻的影响。

国外一家权威调查机构通过问卷调查发现，高达90%的人认为，声音是一个人的魅力最重要的组成部分。一个人的声音能否表现出足够大的吸引力，与他受欢迎的程度有关，也与他社交上的成功有关。

其实，对任何人而言，声音都可以真实地反映出他的修养和品性。我们也可以用自己的声音赢得他人的尊敬、爱戴和信任。

当年，一部改编自《世界的战争》的广播剧在美国轰动一时。

虽然当时这家广播公司公开声明说这仅仅是一部广播剧而已，并不是真实事件，可是由于电台的听众很多，加上主播的声音让听众心情愉悦，结果全美国人都为此剧着了迷。

甚至有上万名听众在听完广播剧后开始恐慌，因为他们相信广播剧中的故事是真实的，觉得地球将要遭到火星人入侵。

声音对提高我们自身的魅力有很大的帮助。我们可以想一想，为什么我们容易信任那些优秀的播音员呢？其实很简单，因为他们的声音优美悦耳，有很大的吸引力，能给人一种美的享受，所以听众不会轻易转移注意力。

当今社会，很多年轻人都接受过高等教育，甚至毕业于名牌大学，才华出众，可就是没有学习如何才能发出优美的声音。所以，我们从他们的讲话中总能听到不和谐的音调，甚至有些感觉敏锐的人不喜欢与他们谈话。

所以，倘若你的声音让别人听起来不舒服，就可能会降低你的吸引力，同时会掩盖你的其他优点。

我们应该让声音成为自身的优势，而不是劣势。不论我们的声音原来是什么样，其实都可以通过练习进行改变，从而让它体现出我们的魅力。

我们要明白，听众所期待的声音是什么。当然，那就是容易让人听懂，同时又让人感到愉悦。倘若每个字词和每个句子都能被清晰、圆润地表达出来，而且抑扬顿挫，这是非常美妙的，从而会让更多的人被我们感染，或者喜欢上我们。

## 提升亲和力，会让应酬更有效

亲和力，是指与人交往时，一个人散发出来的让对方喜欢、愿意接受的吸引力。亲和力在应酬中非常重要，它具有较强的黏合度，从而使你的沟通更容易，助你建立和谐的人际关系。

无论职场应酬、商业应酬，或是与异性应酬，具有亲和力的人总是能拥有更大的优势。努力培养你的亲和力，可以为你带来好人缘。

张甜甜就是一个非常有亲和力的人。当时，公司里有一个合作项目，需要张甜甜所在的公关部跟对方洽谈。可是公关部的刘经理都跑断了腿，合作还是没谈成。后来，他把这个任务交给张甜甜，没想到，她第二天就签订了合同。

合作方的经理对刘经理说："你们公司的小张太有亲和力了，她那张真诚和甜美的笑脸给我留下了深刻的印象，其他人都没有她那种亲和力呀。"

对此，刘经理专门为这件事开会总结，希望公关部的每个员工都要好好培养自己的亲和力，进而提高应酬能力，以便取得更好的业绩。

刘经理说："没有人会拒绝一张充满亲和力的笑脸。小张用亲和力感染了合作方。事实上，即便合作方最初态度很冷淡，但是她用亲和力影响合作方，让合作方觉得跟她合作很愉快。"

亲和力是你获得更好人缘、维护良好社交的法宝，那么，这就意味着在交谈中你必须始终保持自信、积极的心态。亲和力体现在诸多方面，比如真诚和善、态度谦恭、集体意识强、具有较强的同理心等品质。

亲和力是沟通能力的综合体现。具有亲和力的人，一般都能在人际交往中占据优势地位，同时更容易被对方认可。这是因为，这种人在交际中很容易吸引和感染对方，令对方感到亲切，从而导致对方也采取相同的态度对待他。

相反，一个人在与人交往时如果表现出傲慢、冷漠并充满敌意的态度，那么就会使人感到不愉快，从而不愿意与他交往。但是，一个人在交往中唯唯诺诺，不断退让，并不能保证达到沟通的目的。

拥有广阔的心胸是培养强大亲和力的方法之一。宽容的气度可以减少不必要的矛盾和冲突，营造舒适的交际环境，维护人际关系的和谐。

胡锋人缘好，朋友多，大家都觉得他为人处事非常得当，有一种超凡的气度。一次，有一个人因为嫉妒胡锋的好人缘，跟胡锋的朋友郑钧说了胡锋的坏话，想破坏他俩的关系。

郑钧把这件事原原本本地告诉了胡锋，觉得胡锋一定会责骂那个人，并去当面对质。然而胡锋听后，淡然一笑，说："咱俩做朋友也不是一天两天了，你相信他的话，那今后你就不用再跟我往来；如果你还信任我，咱们仍然是朋友。"

郑钧听后，非常惊讶，原来胡锋的胸怀这样开阔。别人在背后中伤他，他居然能坦然自若接受。

胡锋接着说："大家都是朋友，何必无中生有地把关系搞得这么紧张？如果当面说破了，你失去朋友的信任，我与你断绝来往，对谁都不好。"

郑钧听后，非常佩服胡锋的气度。

其实，胡锋能跟所有朋友始终保持和谐的关系，得益于他的宽容大度，从不斤斤计较。

谦恭和善的态度是培养强大亲和力的方法之二。谦恭和善是对别人的尊重，也是对自己品行的要求。这种平易近人的态度，可以迅速拉近你与交际对象的距离，提升交际的融洽度。

用笑容感染对方是培养强大亲和力的方法之三。亲切的笑容是你留给对方最好的第一印象，在交谈中能起到抛砖引玉的作用。只要粲然一笑，你就会赢得好人缘。

得体的言语是培养强大亲和力的方法之四。言语不在于多少，而在于贴心、暖心，能说到人的心里去。这样可以使对方产生情感共鸣，从而创造出和谐的交谈氛围。

真诚地关心对方是培养强大亲和力的方法之五。交际中，只要你真诚，对方的心就会感到温暖。这样你们就会有更深入的交流，感情就会越来越近。

培养亲和力至关重要，这不仅会让你拥有好人缘，也会使你的应酬更有效。

## 幽默的语言，会让你成为应酬场合的主角

幽默的人都有一种独特的魅力，经常给人们留下深刻印象。普拉斯说："魅力有一种能使人开颜、消怒，并且悦人和迷人的神秘品质。它不像水龙头那样随开随关，突然喷发。它像根丝，巧妙地编织在性格里。它闪闪发光，光明灿烂，经久不灭。"有的人声音很有魅力，有的人眼神很有魅力，有的人人格很有魅力。人的魅力可以无处不在，一旦产生就具有一些神奇色彩。培养自己的幽默感，因为幽默感可以提升个人的魅力，从而给交流对象留下好印象。

在台球界，"火箭"奥沙利文是响当当的人物。他不但球技精湛，而且人缘非常好，这不仅仅因为他谦和的处事态度，还因为他天性中的幽默。一次，在与中国香港选手傅家俊的比赛中，他大力击打最后一颗红球时，黑球也应声落袋并掉到地上。球杆交到左手的他已经摆好姿势等待清台，而稍显肥胖的裁判捡球速度却赶不上他的调整速度。他三次回头，黑球都没摆好，无奈的他扮了个鬼脸

收杆，全场发出阵阵笑声。下一局中，一个简单的黑球底袋，因为用力稍轻未进，他迟迟不肯离开球台。等到傅家俊开始击球，他还在假装关注那颗黑球到底会不会进袋。

台球运动属于绅士运动，讲究优雅，所以有时难免会略显沉闷。然而奥沙利文这些幽默风趣的小动作和表情，让原本严肃紧张的比赛多了几许轻松，给观众留下了深刻的印象。

在一次奥斯卡的颁奖典礼上，一位刚刚获奖的女演员准备上台领奖。也许因为太兴奋，在通过阶梯走上领奖台时，她被自己的晚礼服长裙绊到脚，摔倒在舞台边。当时全场静默，气氛非常尴尬，因为从来没有人在全球直播的盛大晚会上跌倒过。女演员迅速从地上爬起来，拿着麦克风真挚地感慨道："为了走到这个位置，实现我的梦想，我这一路走得非常艰辛，付出了很多代价，包括有时会显得跌跌撞撞。"她的话音刚落，全场爆发出热烈的掌声。

在颁奖典礼上摔跤，在众目睽睽下出丑，绝对是一件非常丢人的事。大多数人遇到这种事情可能都会急忙爬起来，然后在麦克风前找一些借口，但在这种情形下，幽默的解释才是最佳的选择。所以，这位女演员不但没有因这次摔跤而影响形象，反而因此获得更多人的认可。这就是幽默感的力量，在瞬间化逆境为顺境，化危机为机遇。

在一辆拥挤的公交车上，司机师傅为了躲闪前方一辆突如其来的货车猛然刹车。一个小伙子由于惯性没有站稳，扑到旁边一位姑娘的身上。姑娘怒骂道："德行!"小伙子赶忙抓住扶手站稳，不急不恼并面带微笑地说道："不是德行，是惯性。"周围的人听后都忍俊不禁。

小伙子凭借自己的幽默，成功化解了一场即将爆发的冲突。在场的人无不佩服他的应变能力。

一个人可以不帅或者不漂亮，但不能没有幽默感。幽默感对男人而言，是吸引女性的法宝。假如你非常喜欢某人，又因为害羞支支吾吾地向其表白，难免会破坏你在对方心目中的形象。但是如果换成“我不小心把‘我爱你’传给你了。如果你接受，那就保存起来；如果你不接受，就把这三个字返还给我”。那么，对方无疑会被你的幽默表达打动。

在西方，一个没有幽默感的男人，也许就像一杯未加方糖的咖啡、一个不会发光的灯泡、一辆只有起步挡的汽车。如果说你今天穿一身新衣服能为个人魅力加 3 分，那么随时呈现的幽默感至少能为你赢得 8 分。

女性如果具有幽默感，可以让她周围的朋友觉得与她相处很轻松、很快乐。没有幽默感的女性在生活和职场中，遭遇的困境要比有幽默感的女性多得多。幽默的女性容易融入集体，而且自然地受到很多人喜欢。男性看待女性的眼光各有不同，但温柔、贤惠、大方又不失幽默的女性，绝对是男性心目中的不二人选。

适时、恰如其分地运用幽默，能使男人更成熟，女人更漂亮。幽默是一种催化剂，是一种风度，更是一种人生智慧、人生态度。幽默，能给人以启迪，让人深思，让人发笑，能使人心情愉悦，能使暗淡的天空变蓝，能让阴霾一扫而光。这就是幽默的魅力，也是幽默的人会给人留下深刻印象的原因。

## 眼力见儿，是个好东西

眼睛是心灵的窗户。人们的内心变化，在没有开口表明之前，就可以通过眼睛传达出来。就连圣人孟子也曾说过："存乎人者，莫良于眸子。眸子不能掩其恶。胸中正，则眸子了焉；胸中不正，则眸子眊焉。"因此，我们在各种应酬中，要多观察对方的眼睛，以致在做选择前，就能了解到更多的信息。

秦朝时，赵高想要陷害李斯，于是就对李斯说秦二世的种种不好，并劝李斯进谏秦二世。他随即还跟李斯约定，秦二世一有闲暇，他便会在第一时间通知李斯。有一天，李斯应赵高之约进宫。时值秦二世正与姬妾行乐，见李斯扫了他的兴，心中极为不爽。

李斯却毫不知情，依然要进谏。秦二世只好敷衍李斯。等李斯一走，秦二世就说他不识时务，偏偏选择自己跟姬妾行乐的时候进谏。这就为李斯日后遭遇杀身之祸埋下了隐患。

我们不要认为"看眼色行事"不好。其实，眼色是人类的另一种语言。在应酬时，我们要懂得看人眼色，以便了解对方内心的真实想法。但是，想要通过眼色探知别人的真实想法，就要具备准确的判断力和敏锐的观察力。因为，眼色的变化相当快，一定要把握好每个细节。

一个高情商的人，不仅会看人眼色，还知道在某些特定的场合里什么话不能说，什么话能说以及怎么说。我们一定要考虑客观因素，然后做出正确的选择。

有一个人特别喜欢讲笑话。有一次参加朋友的婚礼时，他大谈自己的见闻，逗得在座之人哈哈大笑。

心血来潮的他讲起一个新郎杀死新娘的故事。没等他把故事讲完，新郎和新娘都生气了。他却毫不自知，还在滔滔不绝地讲。

最后，新郎委婉地问他是否喝多了，如果喝多了就早点回去。他这时才意识到自己说错话了。

有些人说话办事时不注意看对方眼色，凡事往往只从个人主观感觉出发，心里想什么嘴上就说什么，结果在无意间就得罪了别人。

张霖是我以前的同事，他为人处事总能让人觉得舒服，所以人缘特别好。在公司干了四五年后，他辞职转行开饭店。为了给他捧场，有时候我们这些老同事会去他的饭店吃饭。他平时不怎么去饭店，只有朋友过来，他才会过去打声招呼。

有一次，我们几个老同事准备去他的饭店吃饭，并给他打电话约他过来聚一聚。在说包间号时，我说错了一个数字。他到饭店时，直接去了那个包间，推开门才发现走错了。包间里的客人已经结账走了，一个二十岁出头的服务生正在吃客人没吃完的菜。

服务生没想到张霖会突然进来，顿时愣住了。

张霖本来想走，可看到服务生尴尬的表情，扭头对门外的服务生说："帮我拿双筷子，这么多菜又没人吃过，直接倒了太浪费了。"说完，他就坐到服务生旁边，和他一起在包间吃剩菜。

那天以后，那个服务生工作更卖力了。现在他已经升任餐厅领班，张霖也很欣赏他。

我们在任何应酬场合说话办事，一定要全盘考虑别人的感觉、感受，周全地维护别人的自尊心、真实的需要，然后再根据自己的需要进行取舍。这样做，最起码不会吃大亏。

## 巧借道具，表达自己的观点

心理学中有个莱斯托夫效应，指的是相对于普通事物，人们记住独特或特殊事物的可能性更大。比如提起中国，人们就会想到长城；说到美国，人们就会联想到自由女神像。长城和自由女神像在整个世界只有一个，而且很独特，所以容易被人们记住，哪怕三岁的小孩子也会知道。其实，类似的例子很多。它们所呈现的规律正是莱斯托夫效应。产生莱斯托夫效应，很大程度上和人们的记忆特征有关。人们对于身边很多事情的记忆都是无意识的结果，也就是说，没有使用任何记忆方法，也没有刻意提醒自己是否要记住它。所以说，类似的记忆都带有很强的偶然性。这就可以解释为什么曾经在某个场合同时见过两个人，若干年后只记得其中一个。

阿玉的相貌绝对算不上漂亮，身材也比较普通，但这并不妨碍她成为办公室里最美丽的一道风景线。在办公室里，她是大家公认的最会穿衣服的女人。在很多时候，看她穿衣服确实是一种享受。

阿玉的穿衣哲学是拒绝奢华。她觉得奢侈不容易突显个性。因此，她对大街上那些琳琅满目的名牌并没有特别的喜好，而是常常将几件普通衣服混搭，穿出自己的个性。

当然，如此懂生活的女人人缘自然好。男同事为了接近她，会不时地在工作中帮助她；女同事为了学习她的穿衣技巧，常常帮她做这做那。在办公室里，她基本上有求必应。

有时候，闪光点也是可以制造的。聪明的阿玉就为自己制造了一个靓丽的闪光点，并且呈现出良好的莱斯托夫效应。在人际交往中，人们首先看到的是一个人的外表、长相、身材、服饰等，这会让他们产生一定的心理感应。而在这些特征中，最容易运用、最讲究技巧的就是服饰。如果你想在应酬场合脱颖而出，那么，就以穿衣技巧为突破口，制造莱斯托夫效应吧。

很多人为了让自己被他人记住，往往会在言谈上刻意表现，或者在服饰上力求新颖。有些人可能会认为自己没有个性，或者不清楚自己的个性究竟是什么，其实这是对自身的一种误解。事实上，眼睛很漂亮、眉毛很动人、微笑很甜美、说话很自信、谈吐很幽默等都可以成为自身的优点。如果你依然认为这些不足以彰显个性，那么，美国前国务卿奥尔布赖特女士的“胸针外交”绝对堪称这方面的典范。

在一般人眼里，外交官多是这种形象：穿衣必然西装革履，说话必然字斟句酌，行事必然周全谨慎。但奥尔布赖特就像是一个异类。她身材矮小，体型微胖，外貌一点也不出众；说起话来总是单刀直入，而且咄咄逼人。不过，就是这样一位“不入流”的外交官却可以在 20 世纪 90 年代风起云涌的国际舞台上挥洒自如，她的

“胸针外交”更是成为美国外交史上的范本。

奥尔布赖特有一个专门装胸针的首饰盒，每次谈话或谈判之前，她都会从中挑选一枚最适合当日气氛的胸针，既委婉地表达她的意向与态度，又传递着她的情绪。她的这个首饰盒，正如她所言，就是她的“武器库”。担任国务卿期间，她通常会戴古董鹰胸针；与朝鲜领导人金正日合影时，她戴的是美国国旗胸针；当俄罗斯闹出窃听丑闻后，她戴着甲虫胸针去见俄方外长；在向卢旺达种族大屠杀中的遇难者致哀时，她戴上了和平鸽胸针……她的每个胸针都有特殊的意义。

有时候，就连硬汉普京都得看这些胸针的含义。1997 年，奥尔布赖特以国务卿身份出访俄罗斯。当时，两国正因车臣问题产生分歧。第一次和普京见面，奥尔布赖特戴上一枚猴子胸针。普京凑上去问她的助理猴子胸针代表什么。助理回答：“猴子的天性是专横多于民主。”

后来两国关系缓和，在太空领域达成了一系列合作，奥尔布赖特便佩戴一枚太空飞船胸针和普京会面。普京看着这枚应景的胸针笑着问：“这枚胸针是为了庆祝我们在太空领域的成功合作吧?”奥尔布赖特也笑了笑：“说得没错。你有时是猴子，有时又还原成人。”

其实，奥尔布赖特把胸针作为自己个性的展现最初缘于一个巧合。她任美国驻联合国代表的时候，因为海湾战争，美国与伊拉克萨达姆政权闹得很凶，心直口快的她竟直接批评了萨达姆。伊拉克媒体群起而攻之，骂她是“一条绝无仅有的蛇”。

以奥尔布赖特的脾气，当然不能就这么忍着。不久后，她要会见伊拉克官员，心想，既然你们骂我是蛇，那我就佩戴一条蛇给你们看看。她也没想过此举能掀起多大风浪，只是为了表达一下她的情绪。不料，会谈结束后，有记者问她为什么要佩戴这样一枚胸针，她说道，“这不过是我传递信息的方式而已”。顿时，所有摄像机都对准了她的胸针……

奥尔布赖特因为蛇形胸针“一举成名”，这也让她意识到，一枚小小的胸针其实在外交方面能起到四两拨千斤的作用，也是她身为女性外交官特有的优势。她曾经说过这样一句话：“外交政策就是劝说他人做我们要做的事。”为了达到目的，可使用多种手段。“胸针外交”只不过是其中最简单的一种。

从此以后，奥尔布赖特就开始有意识地佩戴胸针。她拥有 200 多枚胸针，在她的“胸针字典”里，每一枚胸针都有特殊的含义。如今，当人们想起这位美国前国务卿的时候，可能忘记了她的外交风格，但绝对不会忘记她的胸针。

胸针对于奥尔布赖特而言，并不像容貌、身材那样，属于与生俱来的，这个特征是她自己赋予自己的，而且的确在与世界各国的领导人谈判的时候发挥了应有的作用。所以，我们在各种应酬中，可以借一些事物表达自己的立场和观点。

## 用肢体语言营造强大气场

记得在军训的时候，教官总要求我们走路时昂首挺胸，站立时挺直背脊，因为这样才能体现出一个人的气势。其实，这也是构建一种气场。这种由内向外的气场足可以影响到其他人。

我们看国庆大阅兵的时候，对那些军人的走姿及站姿印象极为深刻。当他们经过天安门的时候，相信那种强大的气势，在你的记忆中是极为深刻的。

从心理学的角度讲，一个充满自信的人站立时必然是背脊挺直、胸部挺起、双目平视。这种站姿也给人器宇轩昂、心存敬畏的感觉。反之，倘若有人站立时弯腰屈背，则透露出他内心封闭、意志消沉的状态。如果一个人走路时昂首挺胸、大步向前，自然给人意气风发的感觉；反之，一个人低着头，眼神游离地走路，则给人举止猥琐的感觉。

所以，一个人的走姿及站姿是非常重要的，不同的姿势能表现出不同的气场。如果一个人站在你面前表现出一副无所谓的样子，弓着背、眼神涣散、走路左右晃动，你是不会主动去接触他的，因为你可能会怀疑他是小偷。如果是第一次见面，这样走姿及站姿的人是没有人喜欢的。有时，甚至是一个习惯上的肢体语言，也会影响我们应酬效果。

一家A贸易公司和一家B出口公司进行商务谈判。A公司的规模较小，B公司的规模比较大。在此之前，B公司认为和A公司合作是纡尊降贵，不但降低了自己的身份，而且还没有利润可赚，于是B公司代表周飞抱着试试看的心态去和A公司谈判。

周飞按照惯例去机场迎接前来谈判的A公司代表王先生。

周飞来到机场后，就站在出站口举着牌子等候王先生一行人。

在人来人往的机场，首先映入周飞眼中的是一位中年人。他昂首挺胸，心如止水，不像其他人那样四处张望，在人群中非常显眼，周飞认为他肯定是大老板。

突然，中年人微笑着向周飞走过来，让他很不知所措。难道中年人就是王先生吗?

中年人走到周飞面前，微笑着说：“您好！您是周先生吧？我是A公司的代表王先生。”

周飞顿时感觉自己被王先生的强大气场压制了。

在接下来的谈判中，周飞不敢再轻视A公司，在一些问题的处理上做得都很恰当。彼此之间的谈判进行得非常顺利，很快就签订了合同。

肢体语言一定会影响到你的气场。这一点，我们面对不同走姿及站姿的人就能感觉得到。

由此可见，一个人的走姿和站姿会给他人留下深刻的印象，即便一句话不说，也具有征服力。良好的走姿和站姿能够展现出一个人的精神状态，它传达出来的是一种对人生的态度。同样，一个人的气场也能从他的走姿和站姿上折射出来。

当你走进会议室准备开会或者演讲的时候，快步走的时候步伐一定要铿锵有力，慢步走的时候步伐一定要稳如泰山。

那么，让我们来解读一下一个人的走姿、站姿与气场的关系。

1. 挺胸抬头、双目平视的人

这类人一般非常有主见，有强大的自信心，给人一种不卑不亢的感觉，通常气场非常强大。

2. 两只手叉在腰间站立

这个动作给人一种傲慢的感觉，不太容易接近。

3. 靠墙壁站立

这是一种很不自信的站姿，给人的感觉轻浮、随意，所以在正式场合不可以这样站立。

除了以上3种站姿外，当然还有很多种站姿，这要根据具体场合而定。

也许我们在站立的时候会选择最舒服的姿势，比如身体斜靠在某个物体上，或者双腿交叉等。但你没有意识到的是，这样的站姿往往给人一种懒散的感觉。试想，当你在公众场合看到礼仪小姐如此站立的时候，还会对她充满好感吗？

所以，站立时要抬头、收腹、挺胸，但胸不要挺得太突出，眼睛要平视，给人一种不卑不亢的感觉。无论在哪种场合，都要保持这样的站姿。

走路要昂首挺胸，这是我们小时候经常受到的教导。但是，很多人习惯了自己的走姿，比如弯腰驼背，眼睛盯着地面。殊不知，这样的走姿往往会给人猥琐的感觉。

站姿和走姿是一个人气场最直接的体现，关系到留给对方的第一印象如何。是否能体现出自己的气场，完全取决于你的肢体语言。所以，当你能控制自己的肢体语言时，就能展现出自己的气场。

## 识人、断势的内力

通常来说，人们的各种才能都是由知识、见识转化而来的。知识、见识的多少决定了才能的大小。应酬能力同样需要知识的积累、见识的拓展。虽然知识量丰富的人未必在应酬时游刃有余，但是知识储备是应酬中保证良好沟通的一个重要前提，毕竟只有先做到“有话可说”，才能做到“把话说好”。一个人应酬水平的高低，取决于他知识的多少、深浅和完善程度。

人们往往会认为应酬能力的大小取决于沟通技巧，因此试图提升个人沟通能力时，多数人都会觉得自己只要注意学习和掌握沟通技巧，就能有效提升应酬能力。这就导致他们对有效应酬的认识产生偏差，对于应酬能力认识肤浅。一味追求技巧，讲究方法，容易变得刻板教条。就像有的人牙尖嘴利，喜欢胡乱开别人玩笑一样，这样的人只能让人更加讨厌。

真正会应酬的人往往具备强大的知识储备。他们学识渊博、能力出众，或者至少在专业领域内拥有丰富的知识，而且见解比一般人要高出很多。换句话说，他们所掌握的丰富知识实际上是一种强大的铺垫。这种铺垫可以让他们在应酬中更加从容，更具魅力。而且这种从容的魅力是由内而外散发出来的，而不是简单地依靠嘴上功夫取悦他人。如果对全世界顶级演讲大师以及出色的交际家进行分析，就会发现他们大都称得上学识渊博，至少在专业领域内能力非常突出。

华为技术有限公司创始人任正非是一个沟通能力、演说能力非常出众的企业家。他出色的演说能力并不是建立在职位和财富的基础上，而是源自知识的积累。任正非非常喜欢阅读。他虽然非常忙碌，但每天花在阅读上的时间并不少。有时候他到外地开会或者考察，在飞机上也会看两三个小时的书。政治、经济、文艺等各个方面的书籍，他都有所涉猎。丰富而多元化的知识让他在应对各种场合都显得游刃有余。

任正非不仅自己喜欢读书，也倡导员工多读书。他曾经给员工家属写过一封信，其中有一段就是谈读书。他在信中说：“不要以为过了学生时代，就不用读书了，要让读书成为生活的一部分。”他还经常给高管们推荐一些非常有价值的书籍，并定期进行考核。

知识量的多少对于人们的沟通效率有很大的影响，因此如果人们想要提升自己的沟通能力，就不要将目光仅仅停留在技巧的提升上，而应该花更多时间提升“内力”。这也是有效应酬的根本保障。因此人们应该多读书，多看书，学习更多的知识。一般情况下，最好多读一些历史、文学、心理学等方面的书籍。其中研读历史可以助你识人、断势；读文学书籍可以陶冶情操，提高自己的修养和内涵，让自己变成有品位的人；读心理学书籍能助你判断对方的性格、价值取向，从而有效地拉近彼此之间的距离；阅读管理类和经济类的书籍，可以提升话题的现实性。其他方面的书籍也具有各自的功效。

除了阅读以外，平时也要注意从生活中学习各种各样的知识，比如学习他人的生活经验和工作经验。沟通能力出色的人往往拥有丰富的社会阅历，强大的学习能力。他们比普通人接受能力强，专注于了解社会的各类信息。许多有价值的信息和知识都会被他们掌握，并转化成他们的生活经验以及沟通交流的能力。

知识的学习和吸收并没有特定的范围可言，只要觉得对方提供的信息有价值，就可以大胆地吸收。

马云是一个非常高效的沟通者。他平时就喜欢和各种人打交道，和各种人进行交流，从而学习到不同方面的知识，丰富和拓展自己的见识。他会从微软创始人比尔·盖茨那里学习经商和管理的经验，从娱乐明星那里了解表演的技巧以及其他有趣的事情。各种繁杂的知识构成了马云的庞大知识库，并为他出色的表达源源不断地提供丰富的“武器”。

应酬

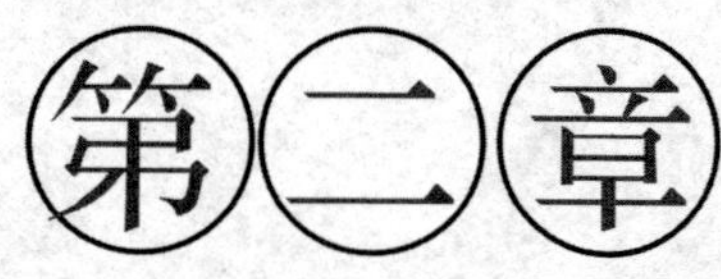


# 准确判断对方的真实需要

# 胡说≠能说

在生活中，你有没有见到过这样的情景？在人家孩子满月酒席上，当主人问孩子是否可爱时，有人夸赞孩子乖巧可爱，有人却偏说孩子长得丑没天赋？在新人婚礼上，有人祝福新人长长久久、白头偕老，有人却偏说现在的离婚率高得吓人？后者就是我们所谓的说话不过脑子。通常他一句话，就惹得人家生气甚至愤怒，把场面弄得非常难堪，得罪一大群人。

为什么会有这种欠思考的行为呢？很可能就是有人习惯自以为是，不愿意花心思考虑别人的感受，自己想到什么就说什么，毫无顾忌。对他人造成伤害以后，还为自己辩解说自己并无恶意，让别人不要多想。

懂得有效应酬的人，他们从来不会哪壶不开提哪壶，而是善于站在对方的立场，考虑对方的感受，不让对方难堪。

一位网友曾经在网上吐槽自己的一段经历。一天晚上，她和同事李静请公司的一个重要客户吃饭。聊天的时候，客户跟她们提到自己前几天去泰国游玩的经历，还拿出照片，让她们领略一下泰国的风光。

其中有一张照片是客户和一个打扮很妖艳的女人的合影。客户问道："这张照片怎么样？"

谁都听得出来，客户想让她们夸赞这个女人漂亮有魅力，但李静想都没想，就脱口而出："他是人妖吧？"

客户瞬间变得尴尬无比，慢悠悠地说道："她是我老婆。"

三个人瞬间没有了话题，各自端起杯子喝水。那顿饭草草地结束，双方都有点难为情。

李静当时也很尴尬，但认为这只是自己脱口而出的一句戏言，就没有进一步赔礼道歉。可是从那以后，这位客户就不再与李静合作了。

如果李静能好好想一想，看到照片上的女人和客户亲密的关系，也就不会说他是人妖了。客户去泰国旅游，自己单独去的可能性很小，绝大多数的情况都会带上家人。李静却没有思考，直接说客户老婆是"人妖"，必然引起客户反感。这本来是一件小事，可影响一点都不小。

心理学上有一个名词叫"元认知"，又称为"反省认知和监控认知"，就是指一个人对自己的认知过程。很显然，像说出这种伤人之话而又不自知的人就是缺乏元认知的人。如果想提高自己的交流水平，首先要做的就是在回应之前先思考一下，自己即将说出去的话会产生什么样的后果。如此一来，就可以避免很多不必要的麻烦。

德漠克利特曾经说过，"不要让你的舌头抢先于你的思考"。这句话告诉我们，应酬的时候，凡事都要考虑清楚，不然你很容易沦为别人反感之人。不要只顾自己嘴上痛快而忽略他人的感受，也不要拿低级趣味当品位。

通常，一个正常的人，在应酬时会考虑到彼此身份、所在场合等问题。他们能很好地判断自己说出的话，既符合自己的身份，又不会得罪别人。我们还有一种误区，就是把率真当个性，从而忽视了其中的隐患，说起话来不假思索。但其实真正懂得有效应酬的人，能时刻设身处地为他人着想。

应酬离不开交流，一句话可以说得让人笑，一句话也可以说得让人跳。应酬之道就是为人之道，所以你说什么话，别人就会对你产生什么样的印象。说出去的话就是泼出去的水，有些话一旦你不管不顾地说出来，就可能收不回去了。如果在应酬中，你既想展现你的高智商，又想展现你的高情商，那就不能逞一时之快，让冲动毁掉自己。

日本一位作家曾经说过："不为烦琐动摇的钝感力，才是人们生活中最为重要的基本才能。"这句话在应酬方面的表现就是，说话之前要三思，哪怕比别人迟钝一点也没关系。

## 巧妙、合理地应答

应答是指对别人的表达进行回应。应答不是简单的"是""同意""对""是这样"诸如此类的话，这样直白的应答没有任何效果，反而会让别人认为你在拍马屁。

婷婷和玲玲从小一起长大，亲如姐妹，无话不谈。最近，婷婷交了男朋友，想让玲玲帮她参谋一下。

婷婷说："他阳光、高大、帅气，简直就是我的男神。你觉得他怎么样？"

玲玲应答道："是啊，他又高大又帅气，姐姐艳福不浅呀！"

婷婷问："像他这样的男生，应该有很多女生喜欢，可他为什么偏偏喜欢我呢?”

玲玲应答道:“你们对上眼了呗!”

婷婷问:“我对他不放心，该怎么办呢?”

玲玲应答道:“有什么不放心的，该来的则来，该去的则去，顺其自然吧!”

婷婷听了玲玲的话，白了她一眼，不再说什么了。

在婷婷与玲玲的对话中，婷婷显然没有从玲玲那里得到她想要的答案。换句话说，玲玲的应答太草率。在这段对话中，婷婷问了三个问题，玲玲同样给了三个应答。以第一个问题为例，婷婷想从玲玲那里得到一个中肯的评价，玲玲的应答却停留在表面上。她应该这样应答:“他的颜值的确很高，至于人品方面，还需要你在日后交往中进一步了解。至于我对他的看法，整体印象不错，建议你一边交往一边了解，然后再做出判断。”如果玲玲这样说，婷婷会很满意的。可见，应答不是张口即来那样随便，而是需要智慧和表达技巧。

例如，当朋友向你展示自己新买的衣服时，你会怎么回应呢?大多数人都会觉得“随声附和”是最保险的办法。是啊，既然大家都说“真漂亮”“很好看”，那么，随声附和绝对没有错。即使对方穿起来的效果并不是很好，说一句“好看”，对方也一定会高兴。

假如你当初的回应具有建议性，比如“你的衣服很，颜色很配你的肤色，只是我觉得你换一双浅色的鞋子就更完美了”，这样既称赞了她的衣服，又让她感受到你是真心诚意地为她好，肯定会让她对你的建议心存感激，可谓一石三鸟。要想成为应酬高手，千万不要随意附和。随意附和只会降低你说话的含金量。那么，在应酬时，该如何做到正确应答，让谈话高潮迭起呢？

1. 随声附和对方的话

当对方提出某一个话题时，你只有表现出对此有足够的兴趣，并且愿意和对方就这个话题继续聊下去，才能和对方保持愉快地交谈。随声附和，有时是胜过千言万语的灵丹妙药。恰如其分地附和，能加深彼此的感情，同时又令双方感觉到彼此的人格受到尊重。而且，双方一旦在心理上产生了某种共鸣，就有可能消融隔阂，敞开心扉，进行真正意义上的交流。

一个态度傲慢的阔太太来到一家心理咨询中心，环顾一下房间后，便毫无礼貌地向40多岁的资深心理咨询师问道："你有40多了吧？"

咨询师立即对阔太太的喜好做出判断，以守为攻地说："是呀，夫人也有40岁了吧？看起来您比我年轻多了！"

咨询师这句得体的应答消除了那位阔太太的傲气。她马上换了一副和蔼面孔。

巧妙地接过对方的话，做出得体的应答，让对方感觉你对他所说的话感兴趣，显然有利于交谈进一步进行。

2. 不要突然插入不相干的话题

如果你想在对方的话题即将结束时转到另一个话题，让谈话继续进行，那你的话题务必要与对方所讲的话题有关联，要转得自然，不可太牵强。比如，对方说："我昨天刚出差回来。"你就不能直接说"今天中午食堂吃什么"之类毫不相干的话题。如果一定要插入一个完全不相干的话题，那也一定要有一个"过渡期"，否则会显得非常突兀。就像上面的对话中，当对方说到自己刚出差回来时，如果你想转到天气这个话题上来，不妨说，"是吗？那边的天气怎么样？有今天的天气这么好吗？"如此一来，就显得自然多了。

高明的应答可以让谈话氛围变得更加和谐，但应答需要一定的语言表达能力。如果对方的话题你比较了解，就可以与对方侃侃而谈。如果对方的话题你不了解或一知半解，那么你可以顺着对方的思路，配合他讲下去。

## 尊重别人，没有人喜欢强硬的命令

在各种应酬场合中，需要别人做一件事情时，无论他的身份、角色、职位是什么，我们都不该用命令的口气，摆出一副颐指气使的架势。若是如此，就是无效应酬。

张亮在公司当了一个小领导，说话总是喜欢用命令的口气。有一次，他请另一个朋友帮忙，鉴于彼此关系很熟，他直接用命令的口气吩咐朋友去做。朋友虽然勉强应承，心里却很不是滋味，嘀咕道："就算是朋友，也不该这么牛气吧？我又不欠你什么，帮你做事却连一句好话都讨不到，难道我就活该听你使唤？"

朋友心中怒火难消，一直拖着不做，结果耽误了时机。因为误了事，张亮心里很不舒服，埋怨朋友不靠谱。此时，朋友对他已经无话可说，觉得他从来不知道尊重人，不宜深交。久而久之，两个人出现分歧，最后形同陌路。

不管对方是谁，如果希望他能按照我们的意愿做事，就多些请求，少些命令。在这方面，很多人对待长辈、上级可能比较容易做到；可是对待晚辈、下属，尤其是自己的老婆孩子，就很难做到。他们认为和这些人没有必要客套，所以常常冲孩子大喊大叫，"今天下午必须写完作业""把你的房间整理好"。

可以想象，这类人在家庭生活中指手画脚，在外面也必然如此。要想让自己的应酬有效，就得改变自己的作风，无论面对谁，都要少用命令的口气。

王梅梅是一所职业学校的老师。有一次，她发现学校门口停着一辆车，正好堵住了道路。她二话不说，冲进教室大声质问："谁的车停在门口了?"

"是我的，老师。"一位学生回答说。

"马上开走，否则我叫警察拖走。"

王梅梅强硬的态度让学生心里很不舒服。从那以后，不仅这位学生，包括全班同学，都开始厌烦她。她上课的时候，学生们总是学习别的科目。

其实王梅梅完全可以把这件事情处理得很好，而且不得罪人。如果她换一种语气："大家注意了，门口有辆车，堵住道路。如果是咱班同学的，请停到别的地方吧。"她用这样的语气讲同样的内容就很容易被同学接受了。

把命令变成建议，效果就是这么明显。究其原因，命令往往是严厉的、刻板的，容易让人产生抵触情绪。因为人人都有自尊心，尤其是底层的人，可能只剩下自尊心了，我们再去强行践踏，就会对他们产生强烈的刺激，所以我们应该特别注意。不要以为自己有权、有钱就可以为所欲为，事实恰恰相反，越是面对底层的人，对他们讲话的语气应该越有亲和力。当你需要他们完成某件事时，用商量的口气建议他们怎么做，会让他们心甘情愿地去执行。

很多人都有这样的经历。在单位里有些人很难管教，可他们偏偏对某位领导言听计从。这其中原因固然多多，但是这位领导很可能有办法让他们认可。

安迪是一个很会沟通的人。在检查工作质量的时候，即便发现员工存在失误，她总是把选择的权利交给当事人。比如有一次，她在审查员工做的一份季度生产报告时，发现了一些问题，但是她并没有明确指出哪个地方需要修改，而是把员工悄悄叫过来，告诉他："你看这个地方，如果换成另外一种方式，是不是效果不同呢？"

一般这样建议性的意见，员工都会接受，并认真考虑。安迪很少把自己的意见强加于人，而是善于以提醒的方式，让员工自己发现工作中的疏漏。员工既做出了成绩，又会感激她的提醒。

让他充分感受到你的尊重，使他产生受重视的感觉，他就会愿意与你合作，而不是想方设法反对你。用建议而不用命令，还是帮助一个人改错的良方。

有人说："用建议替代命令，可以令人信服；用请求替代命令，可以令人高兴地执行；用商量替代命令，会有人主动请缨；用赞美替代命令，会有人用行动证明你是对的。"既然有这么多方式可以让你达到预期的目的，为何偏偏采用强硬的命令呢？为人处事的基本原则，就是懂得尊重别人。你敬人一尺，别人自会敬你一丈。

## 客套，有时是必要的

如果你足够细心，定能从生活中发现一个规律。那些善于应酬，走到哪儿都受欢迎的人，特别会说客套话。别小看客套话，它其实包含着客气、谦卑、热情，也显示对人的尊重，是应酬中最有效的表现。

但凡有教养的家庭，大人在教育孩子的时候都会强调“见人要打招呼”“借用别人的东西要说谢谢”“不小心碰到别人要说对不起”。实际上，这些最基本的礼貌用语都可以归为客套话，它体现的是一个人良好的修养。

然而，有些人本身修养不错，也善解人意，可就是反感在应酬场合说客套话。在应酬场合中，遇见陌生人总是不知该说什么，或是恐惧开口。结果，明明是一片真心，到最后被误解成冷漠。

小王作为程序员，平时和人打交道不多，回家后也大多是玩游戏，可以说是十足的“宅男”。他的朋友不多，算上我总共只有几个。也因为他和社会接触不多，社交也很少，因此，他对于客套之类的话语，更是不太熟悉，可以说是不会说话的人。

有一个朋友做阑尾手术，术后在病床上休养，小王去看望他。见朋友虚弱的样子，小王没有说一句话，只是握着他的手。之所以没开口，小王肯定是因为当时顾虑太多：说客套话吧，感觉虚假，也表达不了他的心情；不说客套话吧，又有点尴尬。所幸他带了一束花、一些礼物，不至于显得那么别扭。坐了一会儿后，他就离开了。在整个过程中，他和朋友几乎一句话都没有说。

这位朋友认为小王一点都不关心自己。他来看望自己，只是为了走过场，于是就不再与小王来往。

人在生病的时候，情绪往往不稳定，处于多疑焦虑、沮丧、悲观状态。况且，医院的环境比较封闭，四周全是单调的白色，时而还可能听到邻床病友的一些“坏消息”，往往令病人惴惴不安。为了缓解病人的情绪压力，放下心理包袱，在探望病人时说两句充满真情和祝愿的客套话，是必不可少的。

一位大学老师在体检时查出乳腺癌，近期在医院做手术。手术后的几天，不少亲戚朋友都来看望她。她的同事刚进病房就笑着说："我听说你得了小病，这几天学校的事情特别多，拖到现在才来看你。"

听同事说自己得的是"小病"，这位老师阴郁的脸上顿时露出一丝喜悦。同事又说："像咱们这把年纪的女人，得这种病的还真不少，去年我家邻居也是这样，做手术之后，回去休养一个月就好了，一点儿事都没有。"这位老师本来对自己的病还有点担心，听同事这样一说，心里舒服多了。

同事看到床头放着一本书，随手翻了翻，感叹道："我真羡慕你呀，还能在这里看看书。有时候，我都想到医院里躲几天，抽空读读书、看看电影。现在每天家里家外忙得我呀，一点儿闲工夫都没有。"这位老师的女儿在一旁听着，不由得笑了，心想，"这个阿姨真会说话，难怪母亲平日里老念叨跟她聊得来"。

临别时，同事又说道："顺便告诉你一声，我爱人单位发了两张话剧票，恰好是一个月之后的，到时候咱们一起去看。你好好养着，我过些天到家里去看你。"同事走了，可她说的这些话却像阳光一样，让这位老师心里暖暖的。

客套不是虚伪，是礼貌和尊重。无论生活还是工作，都需要沟通作为纽带。会说客套话的人，在各种应酬场合总能游刃有余，让人喜欢接近，提出的意见或建议也更容易被人接受。不会说客套话的人就略显尴尬了，还可能造成不必要的误解，出现人际交往障碍，时间一长，就会给人留下不好接触、不会处事的印象。

说客套话，要给人言必由衷的感觉，字字句句透出真诚，而不能让人觉得是虚情假意的恭维。有时，除了用语言表达外，还可以借助眼神、手势，总之要透出热情和真诚。

想让别人怎么对待你，你就要怎么对待别人。客套看似平常，却可以把沟通引入一个良好的互动中，像柔风一样暖人心窝。

## 不要吝啬你的赞美

英国《新科学家》杂志做过一项有趣的调查，访问了包括灵长类专家在内的动物学家，结果得出这样的结论：社交场合的确犹如丛林，要想在社会上很好地生存，必须谨记一些金科玉律，其中之一就是学会赞美。对方心情好了，情绪高涨了，自然就会对你有好印象。

赞美，历来被人诟病，却一直盛行不衰。在每个人的一生中，没有一次赞美的行为，几乎是不可能的。赞美会迅速获得他人好感，让他人心情愉悦，从而建立良好的人际关系。曾仕强教授曾说："我们不能拍马屁，不能一味地讨好别人而不顾客观事实，但我们可以创造很浓厚的马屁味道。简单一点说就是，如果每个人都知道你在拍马屁，那你就不要拍；但你拍得好像没拍一样就去拍。"这里的"拍马屁"，其实就是赞美。曾仕强教授虽然说得很直白，却一语道出了赞美的意义和玄机。

赞美可以，但是不能无根无据，太露骨、太离谱；拿捏赞美的时机十分重要，最好的赞美是看不出来的赞美。这里对赞美提出了较高的技术要求。其实，人际交往本身就是学问，赞美作为人际交往的一部分，尤其值得琢磨和研究。把赞美做得得体、得当的人，往往要具有较高的情商。

情商，简单地说是一种体察他人情绪的能力。所以，情商高的人，能更快地读懂别人的需要，从而提供恰如其分的赞美。人与人之间的智力水平差不了多少，进入职场的人，少不了聪明睿智，少不了学识修养，但是聪明和学识对他们前途的影响，却远远比不上情商。“锐气藏于胸，和气浮于脸”，在职场中打拼，人们更喜欢那些办事精干而且为人谦卑的同事，他们不把精明写在脸上，他们给人送去关怀和问候，更送去尊重与温暖。你可以说他们势利、迎合，但你绝对不会讨厌他们。

《红楼梦》中，湘云给人的印象是心直口快，生性开朗，深得贾府上下喜欢。湘云是贾母的内侄孙女，由于她父母早亡，跟着叔婶生活，而叔婶又待她不好，所以她就经常到贾府小住。贾府的环境相当复杂，在那座宏伟的建筑之中，人与人之间，表面看似和谐，其实隐藏了许多玄机。在那样的环境中，要想安然生存，仅靠天真和不谙世事是不可能的。

湘云初到贾府，首先要做的是拉拢关系。对此，她早有准备。她把从家里带出来的四枚绛纹石戒指，分别送给袭人、鸳鸯、金钏儿和平儿。看看这四个人的主子，是宝玉、贾母、王夫人和王熙凤，都是贾府的权力代表，掌管着贾府的人事任免和财政支出等重要事情的决策权。由此不难看出，湘云的礼物送得还是颇有心计的。

由于条件有限，贵重的礼物湘云是没有的，给这四个丫环送点小东西，表面上是联络感情，更深层的意思是，如果湘云遇到什么难处，这四个人都能在自己主子面前替她说话，这才是最根本的原因。

其实湘云这样做，也不过是出于一种人性的本能，并不代表她生来就是精通世故的人。每个人处在陌生的环境中，都会想办法为自己寻找依靠，让自己不受伤害。更何况她家道败落、无依无靠，就更需要为如何在这个复杂环境中生存动点心眼儿了。

适度的赞美，总能令人情绪大好、开怀展颜，也容易得到帮助。在职场中，就该有眼力见儿，就该知道如何赞美别人。一味地清高孤傲，不与人交往，很快就会被孤立。每个人的内心深处都渴望得到他人的肯定和尊重，尤其是在竞争激烈的职场，上司们为了鼓励下属多干活，可能会经常说些激励人心的话。但是上司也是普通人，聪明的下属不妨给予他们几句赞美，几句肯定，从而满足他们内心的需求。

不要吝啬赞美之词，更要懂得欣赏别人的长处。每个人都有长处，关键是如何通过欣赏他们的长处，使他们了解自己的品位，提升自己在他们心目中的地位。

于珊珊是某公司老板的秘书，最近一段时间，老板的行政助理去美国探望老公，因此公司里多数人都认为于珊珊会被提拔为行政助理。出人意料的是，一位入职只有两个月的前台接待于小姐犹如一匹黑马，击败了于珊珊，登上老板助理宝座。

于珊珊很不服气，认为于小姐没有什么工作能力，完全靠拍马屁上位。

于小姐确实很会“来事儿”。老板是50多岁的女人，对梳妆打扮很不在行，一次还在披散的头发上别了一枚红色的发夹。当时公司里所有女性都觉得好笑，认为这种打扮实在太土，忍不住偷偷议论。于小姐不但没有议论，而且站出来对老板说：“只要气质好，怎么打扮都错不了。老板，您的发质好，肤色又白，我觉得把头发盘起来肯定更有韵味。我学过美容美发，帮您换个发型怎么样?”老板听了大喜，让于小姐为她梳头。

这件事过后，于小姐与老板的感情迅速升温，经常在一起闲聊各种问题。有一次，于小姐忽然由衷地对老板说：“您独自一人在上海做事，孩子和老公都在广州，真不容易。我们办公室的这些女士，下班就急着回家做饭，舍不得老公孩子。女人和女人，真是不一样啊。”她此言一出，又令老板开颜。

于珊珊之所以不服气，是因为觉得于小姐缺乏能力，可她没有想到，于小姐的赞美功夫就是一种超级本领。从于小姐与老板的几次交往中可以看出，于小姐十分了解老板的个性，揣摩透老板的性格，这一切难道不正是助理该了解的吗？相比之下，她虽然业务能力强，却不能设身处地地为老板着想，如何做得好助理？

所以，赞美也是有效应酬的一种需要。赞美得恰如其分，对方感觉舒服，情绪就会好，会使你在职场中轻松获得有利地位，甚至能化腐朽为神奇。

职场中，征服的方式有很多，千万不要用“我就是不喜欢”“我看不惯”等理由拒绝提高自己的沟通能力，要学会赞美与欣赏。很多人害怕被人戴上“马屁精”的帽子，但“帽子”与升迁机会相比，孰轻孰重呢？

赞美一定要注意场合，最好不要在大庭广众面前大献殷勤。赞美时最好含蓄一点，语言尽量准确，说到对方心坎上，说得对方情绪高涨。唯有这样，才能引导对方情绪，让自己永远立于不败之地。

## 强行插话，会把朋友变成路人

很多人在与他人交流时，如果遇到自己不感兴趣或者自己十分想说话时，常常不等对方把话说完就打断对方，强行插话，然后按照自己的想法和思路发表长篇大论。殊不知，打断对方说话就已经很没有礼貌了，你说的话又不是对方想听的，那么这场交流最终会不欢而散。因此，在与任何人交流时，都要学会等对方把话说完，听懂对方想表达的意思后，你再说。

一个孩子和妈妈、姥爷到公园游玩。

进入公园后，孩子对妈妈说："妈妈，我口渴了！"

妈妈从包里拿出两个苹果，对孩子说："给你一个，给姥爷一个。"

没想到儿子将两个苹果拿到手后，分别咬了一口。

妈妈心里很不是滋味，狠狠地瞪了孩子一眼。

"妈妈……"孩子有话想说。妈妈立即打断，严厉地说："我平时怎么教育你的？你怎么可以这样自私？"

孩子的泪水在眼眶中打转，想要说话却不敢，小嘴紧紧地抿着。

姥爷看到后，拉着孩子的手，微笑着问道："乖孩子，你告诉姥爷，为什么将两个苹果都咬一口？"

孩子满脸童真地说："因为……因为我想把最甜的一个苹果给姥爷。"

姥爷脸上笑开了花。妈妈既为孩子的懂事感到骄傲，又为自己刚才武断地下结论感到羞愧。

我们每个人在生活和工作中，都犯过类似这位妈妈的错误，不等别人把话说完，就武断地把话接过来，盲目下结论，结果反而是自己错了，不仅造成双方尴尬，还给人留下不好的印象。而且，这种错误总是重复上演。有些人将其归结为"我这人性格直爽，有啥说啥，容易得罪人"。事实真的是这样吗？

不等人将话说完就插话并武断地下结论，这种行为其实是自己在没有听清问题时，就已经在主观上认定对方观点是错误的，然后根据自己的价值取向打断、批评对方，待了解事实真相后，又感到后悔。因此说，我们用一年学习说话，却用一辈子学习闭嘴。

认识到错误，并能及时道歉很值得称赞，但这种称赞并不是鼓励你可以重复犯类似的错误。插话时更是如此，一定要等讲话人将问题和观点陈述完整后，再决定如何应答。大多数情况下，我们说得越多，反而错得越多。不如学会闭嘴，学会倾听。

在大多数人的习惯意识里，沟通就等同于语言交流。美国加州大学心理学教授古德曼对沟通却有着不同的论断，这就是著名的古德曼定理。古德曼定理并不是否定沟通效果，而是从心理学角度辩证地看待沟通，也就是指我们不能简单地将沟通理解为有声的说话，很多时候，先声夺人最容易使沟通陷入尴尬的困境。

倾听之所以在沟通过程中必不可少，主要有以下三点原因：

1. 应答之前，你是讲话人的听众

如果在讲话人没有阐述完观点之前，你强行插接，谁来当听众呢？倘若没有听众，那么，沟通就失去了意义。

2. 插话前需要思考

插话之前，如果没有细心思考，就很难领会讲话人表达的观点。

3. 插话前的倾听，是消化问题的过程

回答问题也需要领悟。倾听是领悟别人观点的最佳途径。

那么，学会倾听为什么这么难呢？专家指出，倾听最困难的地方在于需要放弃自己的立场，完全进入对方的语境。相信绝大多数人都难以做到放弃自己的立场，这就必然会导致倾听变得困难。

例如，太太说："某邻居刚换了一辆轿车。唉！我们什么时候也能换一辆新车？"

先生想发表自己的观点，但想了想还是忍住了，因为他在努力学习倾听这门艺术。

太太接着说："算了，看你现在的收入，估计这辈子也没希望。"

先生终于按捺不住："什么叫没希望啊？你是千里眼啊，以后的事你怎么知道？"

上面的对话中，尽管先生已经努力倾听，终究还是在倾听时，依旧下意识地站在自己的立场。生活中，尽管我们总是说自己在听，但我们只是在头脑中思考自己将要表述的内容，而没有真正去听对方说什么。

练习倾听技巧时，无论对方的表述多么荒谬可笑，无论你是不是不理解甚至厌恶对方的表述，你都要学会给出反馈式的回答。那么，什么是反馈式回答呢？

举个例子。

某人抱怨工作时间长、加班多、收入低，而且领导脾气不好。

反馈式回答："你是不是觉得自己的价值没有体现，挺生气的？"

反馈式回答的含义："你是不是觉得挺不公平的，收入和付出不成正比？"

反馈式回答的内容："你们公司的工作环境和待遇是不是不太好啊？"

综上所述，我们可以知道，在明知对方需要的是倾听而不是反驳时，如果你忍不住反驳，那么再好的沟通技巧也没有用。虽然这个习惯看上去不难改变，但要做到其实很难。说到底，最简单的办法就是要从思维习惯上入手，克制自己。只有把倾听变成一种习惯的时候，你沟通的能力才会发生质的改变。

## 善于做配角

在应酬场合中，我们总会遇到这样一类人。他们自我感觉良好，说话也以自我为中心，无论别人说什么，总把话题引到自己身上，说自己的诉求，置他人的想法于不顾。这种人心里只有自己，从来不考虑别人。原因是，他们拥有严重的个人主义思想。

毫无疑问，这种强烈的自我意识对他们的发展有百害而无一利。由于过度追求个人利益，必然会失去良好的人际关系。没有人愿意同这种自私的人沟通或者合作。

坦白地说，任何人都有自私自利的思想，尤其现在的独生子女，他们从小就是整个家庭的中心，长辈对他们大多都过分呵护，甚至溺爱，使他们在不知不觉中养成了自私自利的坏习惯，在交际中习惯忽视别人的感受。

向南是某公司销售精英，正在奔着销售部副经理的位置努力。这天他回到家，高兴地对小鹿说："老婆，告诉你一个好消息，今天开会的时候，领导对我提的方案很满意，还说……"

"真的吗?"小鹿心不在焉地问。她正在修剪一盆百合花，"那真是个好消息。老公你看，这盆花我打理得好不好看？对了，咱家马桶不抽水了，你去看看好吗?"

"当然好啦。我刚才说领导采取了我的方案，说真的，开会的时候我真有点儿紧张，但他们终于发现了我的才华，说不定……"

"是啊，我早就说过你是怀才不遇嘛。"小鹿接着又说，"我买了咖喱粉，晚上我们吃咖喱饭吧。对了，下午表妹给我电话，说要过来住两天。我去收拾一下客房，你先去厨房削土豆吧。"

直到这时候，向南才发现在这场沟通中，他彻底被小鹿打败了。没办法，他只好闷头走进厨房，而小鹿丝毫没有注意向南的情绪。

看到这里，大多数人都认为小鹿自私极了，只在乎自己的问题。其实小鹿和向南一样，也想找一个倾听者，可她把倾诉的时间弄错了。如果她能耐心地听完向南想说的话，再跟他聊自己想说的话，他们会相处得很愉快。

每个人都想获得利益，避免伤害，这是人性的本能。如果可以，我们都想按照自己的想法，获得最大的利益。可是，社会是相互制约的，每一个变量的改变都会对彼此产生深远的影响。这就像"蝴蝶效应"一样，美国太平洋东海岸的一只蝴蝶仅仅扇动了一下翅膀，就能引发西海岸一场海啸。所以说，事物的发展往往不会按照个人的意愿进行。

社会学家指出，交往中最简单、最实用的原则就是"你喜欢我，我就喜欢你"。所以，你若想得到别人的欣赏和尊重，首先要学会欣赏和尊重别人。

有人说，你能在某段时间欺骗某个人，也能在某段时间欺骗所有人，可是你不能一生一直欺骗所有人。你是什么人，大家迟早会看出来，到那时，你的信誉就会像推倒的多米诺骨牌一样。

因为，人际关系是一种互动中的平衡，如果你不幸违背了这一原则，很快就会得到教训。比如，曹操刚说“宁我负人，毋人负我!”陈宫就想:“（曹操）原来是个狼心之徒，今日留之，必为后患。”于是，他就起了杀曹操之心。虽然陈宫最后没能杀掉曹操，但也不再辅佐他。对曹操来说，失去陈宫是一个非常大的损失。

在现实社会中，每个人都有自己的欲望和要求，并且享有相应的权利和义务，但是现实不可能满足所有人，如此一来，就很容易出现矛盾。因此，我们不能一味地为自己考虑，而要客观地面对现实，学会包容与双赢。要是每个人都以自我为中心的话，大家都不会有好日子过。

我们要跳出自己的交际圈，提高自己的修养，控制自己的言行，换位思考，学会尊重、理解和关心，多为身边的人着想，习惯帮助别人。只有这样，在你需要帮助的时候，别人才会伸出援手。

应酬

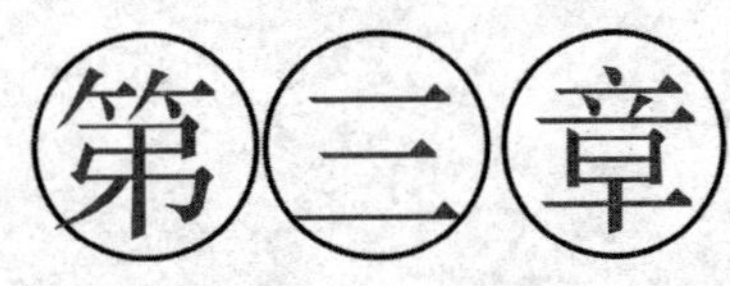


# 烧热锅与燎冷灶的原则

## 扩大朋友圈，贵人多了好办事

俗话说得好，“人往高处走，水往低处流”。谁不想让自己生活得更好呢？只要是正常人，都希望自己能过上美好的生活。在日常生活中，我们虽然知道人际关系的重要性，也知道结交成功人士对自己的事业有帮助，但是在如何结交成功人士方面却常常摸不着头脑。其实，我们应该对自己有信心，相信自己的窘况只是暂时的，相信自己终有一天会成功。

大家都知道人脉的重要性，因而，就需要时刻发掘自己的人脉资源，建立自己的朋友圈。也许现在你只是一个无名小卒，做着一份普通的工作，就连公司的经理都难得见上一面，更别说那些想都不敢想的成功人士。但是，你不能失去希望，也不能失去信心，你要做好随时迎接机会的准备，机会才会降临到你的头上。

1998 年，一个名叫娄晓颖的内蒙古姑娘，因为家境贫寒来到北京打工。她去了一家家政服务公司，想寻找一份保姆的工作。值得庆幸的是，央视主持人倪萍成了她的雇主。在她工作的日子里，她没有因为自己是保姆而感到自卑，而是把工作当成了自己的事业。

她工作起来兢兢业业，在倪萍外出期间为了照顾好倪萍的儿子，她还专门买了很多关于照顾幼儿的书籍，学习照顾幼儿的科学方法，无微不至地照顾倪萍的儿子。她的辛勤工作也被倪萍一家人看在眼里，她的为人得到了他们的认可。后来，倪萍推荐她报考中央财经大学成人教育学院，还让自己的妹妹给她补习英语和数学，请来赵忠祥给她补习语文，甚至承担她的全部学习费用。当然，她也没有辜负倪萍一家人的期望，最终成为北京协和医院的管理人员。

一个保姆最终成为医院的管理人员，这不是传说。有成功的可能，但并不是每个人都能把握住机会。我们可以说娄晓颖是个幸运儿，因为就算我们去家政公司做保姆，也不一定会被派到一个成功人士的家里，但是我们能说这仅仅是因为她幸运吗？她能把握住这次机会，全凭她自己的努力，这并不是偶然的结果。如果换作我们，能像她那样把保姆的工作做得让雇主感激、感动吗？要知道，想要成功，需要的是不懈的努力，而不是坐等机会。除了你自己，没有人能剥夺你实现梦想的权利。因而，即便上天没有给你这种和成功人士接触的机会，你也可以自己去寻找。

凯瑟琳只是出生在美国一个普通家庭的小女孩，然而她凭着自己的善良和勇气，做了一件不普通的事。

2006 年的一个晚上，5 岁的凯瑟琳看电视时得知，非洲的儿童正遭受着疟疾的侵袭，如果能有蚊帐，他们的境况就会好很多。看到这里，她流泪了。她希望非洲的小朋友不被蚊虫叮咬，于是就决定为非洲的小朋友募捐。她把自己省下来的零花钱，还有卖掉玩具的钱都捐给了美国的“只要蚊帐协会”。她还不断地以演讲的方式在大街小巷募捐，并把捐款源源不断地寄到协会。但是，钱数看起来还是太少，于是她决定依照新一期福布斯排行榜的提名，给每一位上榜的企业家写信。在给比尔·盖茨的信中，她认真地写道：“亲爱的比尔·盖茨先生，如果没有蚊帐，非洲的小朋友会因为疟疾而死掉。他们需要钱购买蚊帐，而钱就在您那里……”

谁会相信一个5岁的小女孩的举动会得到这些大人物的注意呢？但是，她成功了。美国电视台后来播出了一条新闻：“只要蚊帐协会”收到了比尔·盖茨与梅琳达基金会捐出的300万美元。比尔·盖茨夫妇被小女孩的善举打动了，他们还邀请她共进晚餐。因为这封信，小女孩成了比尔·盖茨的朋友……

一个5岁的小女孩可以做到这些，是因为她的善良打动了所有人。很多成年人都没有做到的事情，她做到了，原因就是成年人没有她的胆量。谁会为了捐蚊帐给世界首富写信呢？只有她敢，因此只有她获得了这个重要资源。

所以，不要为自己的失败找种种理由。只要方法得当，充实自己、善于交友，有心有胆量，再借助朋友和贵人的帮忙，就一定会成功。

## 做好一点就可以

当我们想扩大朋友圈，希望自己能够获得大家的好感，什么事情都想做得面面俱到时，会发现结果却是哪里都不讨好。

其实，我们的努力不一定能得到所有人的认可，但只要自己尽最大努力就可以了。因为，每个人的个性不同，就算我们做得再好，也会有人不喜欢，所以不必强迫自己做到让每个人都满意。

任何人做事情都不可能做到完美。世界上也没有把任何事情都做到完美的“全能者”。就像体操运动一样，有人擅长跳马，有人擅长平衡木，有人擅长艺术体操……

术业有专攻只有集中精力才能做好一件事。如果分散精力做很多事，最终可能会导致一事无成。一口吃不成大胖子，即使我们想做成很多事，也得一步一步来。只有把每一步都走好了，我们才有可能成功。

张羽上大学时学的是软件工程专业，可他总觉得这个专业不适合自己，所以从未认真学习，但他又不知道自己该学些什么。

一次，他路过一间教室，发现同学正在上动漫设计课。他心想，自己学的专业也跟这个专业沾边，倒不如学习这个专业，而且毕业后可以进入高薪行业。

于是，他就开始自学动漫设计，但学了没多久，又觉得也不适合自己。因为他没有美术基础，做出来的动漫形象不成功。现在自学美术也不现实，于是他又放弃了动漫设计。

后来，张羽想到影视后期制作也跟软件工程专业沾边，而且不需要美术基础，只学软件就行了，学成以后一定很好找工作。可是学了没几天，他发现影视后期制作虽然简单易学，但由于一些导演技能他并不清楚，因此剪出来的片子逻辑混乱。

在大学四年里，张羽不断地寻找适合自己的专业。他虽然学习了很多课程，可没有一门课程是精通的。由于他把大量时间花在非专业课上，导致专业课没学好，毕业后找工作很困难。

张羽这时才发现，自己荒废了大学的四年好时光。

有时候我们想抓住所有的东西，结果什么都抓不住。想把每件事情都做好是不可能的。且不说每个人能力有限，只说精力方面，想面面俱到只会忙得上气不接下气。正因如此，我们只有把重要的事情做好，才能获得成功。

就像那句广告词，“没有最好，只有更好”。我们只能不断地努力做更好的自己，却不能达到最好的程度。因此，我们只要抓住自己擅长的一点，在这一点上下功夫就可以了。是的，尽管这个世界上没有全能战士，但是我们可以在团队里独当一面。

## 代价不大时，请从善

众所周知，人的生命基础就是血脉。在人们追求事业成功和幸福生活过程中，也是依靠着一个类似于血脉的系统，我们称它为人脉。人脉是支持我们人际交往的基础，要想成功，就一定要有做大事所需要的人脉基础和人脉能量支持。

在一个电闪雷鸣的晚上，一对很普通的老夫妇走进一家旅馆，对接待员说他们想入住。一位服务生见老夫妇衣着普通，便对他们说已经没有空房，请他们另谋住处。外面电闪雷鸣，他们有些为难地看着服务生，希望他能想想办法。服务生冷漠地摇摇头。

就在老夫妇为难之际，另一位服务生乔治·波特走过来对他们说："若是在平常，在没有空房的情况下，我会送二位到候补的旅馆，但是这样做会让你们再次置身风雨中。这样吧，如果你们不嫌弃，就住我的房间。它虽然不是豪华套房，但是比较舒适。我要值夜班，不能回房间休息。"

老夫妇接受了他的建议。

第二天是个大晴天，阳光普照，老夫妇去前台结账。乔治·波特亲切地告诉他们，昨晚他们所住的房间不是旅馆的客房，因此不能收他们的房钱。

老先生对乔治·波特点头称赞道："你的确是一位诚实优秀的好员工，或许有朝一日我会帮你盖栋旅馆。"

乔治·波特微笑着点点头，却根本没把老先生的话当回事儿。

几年后，乔治·波特突然收到老先生寄来的挂号信，信中详细讲述了当年那个风雨之夜的故事，并邀请他到纽约一聚。另外随信附有一张邀请函和一张去纽约的往返机票。

在曼哈顿第5街及第34街的路口一栋华丽的大楼前，乔治·波特遇到了老先生。老先生指着大楼对乔治·波特说："这是我为你盖的旅馆，希望你帮我经营。"

乔治·波特惊奇地睁大眼睛，纳闷地看着老先生："请问您有什么条件？为什么选择我来经营？您到底是谁？"

老先生微笑着说："我叫威廉·阿斯特，我没有任何条件。我说过，你是每个旅馆老板梦寐以求的员工。"

乔治·波特闻言完全惊呆了。毫无疑问，他执掌了这家旅馆。这家旅馆，就是纽约知名的华尔道夫饭店。这家饭店在1931年启用，是各国高层政要造访纽约下榻的首选。

综观乔治·波特的成长经历，是谁让他改变了人生？无疑是威廉·阿斯特。威廉·阿斯特为什么要改变了他的人生？那是因为他在构架自己人脉的时候，并没有因为威廉·阿斯特穿着平民服饰而瞧不起他，而是真诚对待。所以说，他真正的贵人是谁呢？与其说是威廉·阿斯特，还不如说是他自己。

人生中充满着许许多多的机缘，每个机缘都有可能将你推向另一座人生高峰，因此不要轻视任何人，也不要忽视任何机会。构架自己的人脉时，既要结交贵人，也要结交平民。也许有朝一日，你结交的平民就会成为你的贵人。

每个人都不是独立存在世界上的，每个人都和我们息息相关。人际交往是构架人脉的前提基础，拥有良好的人脉关系，我们才能获得成功。所以，不管是谁，我们都要善待，因为我们需要任何人的帮助。

## 尝试利用未曾开发的人脉

一个人为自己的理想抱负努力奋斗时，如果能借助他人的帮助，可以避免走很多弯路。所以，当你遇到困难的时候，可以依靠他人的力量帮助自己渡过难关。

王强开始做公关工作时，需要媒体加盟，可是苦于没有关系，于是他给某报社记者李建国打电话。论起来，他们也算是“同学”。

他们就读同一所大学，只不过专业不同。他们在大二学期参加社团时认识的，毕业之后很少联系。

李建国接到“叙旧”电话，当然很意外。他们聊了一会儿，王强便说出了自己的情况——他刚刚做公关工作，手上正好有个项目。这个项目的市场竞争十分激烈，并且时间有限，希望找知名媒体推介，因此想让李建国帮他介绍几个报社的记者。了解大致情况后，李建国便给他推荐了合适的记者。这个记者跟李建国的关系不错，而且比较容易说话。

拿到记者的联系方式后，王强千恩万谢。一个多月后，王强又给李建国打电话，说要请他吃饭，因为他介绍的那个记者帮了他大忙，这次公关活动做得很成功。

有一项很有趣的研究表明：某个特定的人和世界上任何一个人之间的距离只隔5个人。不管对方身在何处，哪个国家，哪个人种，何种肤色，而且前提是这5个人之间肯定与这个特定的人有着理所当然的关系。

不用惊讶，构成这个奇妙6人链中的第二个人，肯定是你认识的人，也许是你的父母，也许是你的同学，甚至有可能是在你公司里做清洁工的阿姨。

一位海归尝试找了很多工作都没有被录用。有一天在网上看到一家跨国公司正在招聘中国区行政助理，他感觉这个职位十分适合自己，但是想到这个岗位应聘的人太多，凭自己单枪匹马去竞争，成功的概率太小。那时，他想起在校友录上曾看到过一位学长的名字，现在学长是这个公司的高层管理人员，于是他连夜写了一封电子邮件，发给这位从未谋面的学长。他在信中强调，他们是校友，同样毕业于国外某所大学。他希望获得这次机会与学长一起工作，并附上自己的简历。

当时他并没有觉得自己能得到这份工作，心想就算那位学长给他回信，无非也是一些官腔套话。

可出乎他意料的是，第二天那位学长竟然给他回信了，信中的内容让他有点不敢相信。学长让他第二天直接参加面试，并且还附上祝福语。最后，他能如愿以偿地获得那个职位，显然学长在其中起到了关键作用。

无论在生活中或是工作中，如果能充分地利用能利用的人脉资源，会让你事半功倍，顺利地实现自己的人生目标。

## 同事，只是同辆车上的乘客

初入职场的新人，习惯把同事当成竞争对手。事实上，同事永远是你获得发展的好搭档。

小花是一个善良活泼的女生，也是南京一所高校的硕士研究生，毕业后进入一家文化单位工作。对于新员工来说，入职后的第一件事就是尽快熟悉自己的工作，给同事留下良好印象，方便日后开展工作。

不过，小花却抱着“防人之心不可无”的哲学，把同事都当成她的竞争对手。如果同事主动和她说话，她就认为同事有所图谋。有一次，她听到有人说她和一位男同事关系比较近，她竟跑去质问对方是不是在背后造谣；看到同一批新员工的名字与老员工一起出现在作品上时，她还跑过去讥讽说：“你能量好大啊，×××都被你搞定了。”

这样一来，同事都不想跟她说话，她在办公室里彻底没有朋友，有事同事也不通知她，她遇到困难也没有人愿意帮忙。她的工作成绩也是最差的。年终人事调整中，她被辞退了。

小花的经历虽然极端，但是这样的事在职场中经常发生，比如同事之间互相挑拨、恶性竞争。我们也经常听说谁和谁为了争权夺利，不择手段，闹得不可开交。

事实上，很多利益都不至于让你把同事当成竞争对手对待。首先，同事是你的资源，与同事建立良好关系，对你的职场成长有百利而无一害；其次，职场上的输赢很多时候拼的是人脉，而人脉的累积光靠钩心斗角是不行的。我们可以看到，那些晋升快的人往往是八面玲珑而且能量大的人。对于职场人来说，同事的关系在很大程度上比同学关系还可贵。在高速发展的当下，在同事的帮助下获得成功的例子有很多；最后，在职场中需要团队合作，只有合作才能保证大家的利益都能得以实现。

实际上，在你刚参加工作的时候，你想的不应该是怎样和同事竞争，而是应该想怎样才能尽快学到更多的技能给自己增加资本。那么，谁能迅速帮你提高工作技能呢？毋庸置疑，肯定是同事。

善于学习别人长处的小张毕业后进入一家公司工作。有一次他和同事小李一起出差。因为业务量太大，导致小张每天都是昏昏沉沉的，疲于应付每天的工作。回来后的某天，一位同事问起某家单位的情况。小张亲自经手的工作，对此却没有任何印象。令他非常吃惊的是，小李却能清楚地记得每家单位的所在地，每家单位的老总、会计、出纳叫什么名字，以及他们业务能力的好坏。于是他对小李刮目相看，时常与他进行交流学习。

又一次出差，领队是和小张同时入职、比他年龄还小的同事，对此小张并没有在意。后来，小张偶尔注意到同事的笔袋，笔袋里放着笔、橡皮等。更吸引他注意的是，虽然同事的笔袋里装了那么多东西，但却摆放得很整齐。再想想他自己的包，虽然是名牌，但是包里的东西却非常乱。他找一个东西时，总要翻半天。经过这样对比，他才明白自己的效率为何不如同事。

在工作中，同事之间难免会发生矛盾。那么，我们应该怎样处理这些矛盾呢？仅限于工作方面的分歧，运用工作的方式和态度处理。简单地说，我们要用客观和专业的方式来处理矛盾，绝对不能掺杂个人恩怨，把原本工作方面的分歧上升到个人恩怨。这是很不理智的做法。

在工作中建立的工作关系，本来就经不住考验，这就要求我们更要互相关心和体谅。如果稍不注意就容易对同事造成伤害。因为缺乏深厚的感情基础，很容易造成无法愈合的伤害，这对我们工作中的合作关系是一个潜在的威胁。

不要把职场当作残酷的战场。就算同事之间发生了矛盾，也绝对不能把它变成更严重的冲突。在公司工作，只是为了养家糊口，追求更好的发展机会，绝不是来和同事闹别扭的。一旦朝夕相处的人关系变僵，心里就会产生隔阂，进而严重地影响正常的工作。

其实，你完全有权利不喜欢某个同事的为人处事方式，也可以看不惯某个同事指手画脚的作风，甚至不喜欢跟他交谈，不喜欢某些人的小团体。但你必须明白一个道理，即使你们不是朋友，也一定不能成为敌人。职场中的我们，本来每天都要面对潜在的风险和承受各种压力，如果再无故树敌，你的处境将非常危险。人在利益面前都是自私的，不要相信你制造的“敌人”在你危难时会心慈手软。因此，为了让自己在一个安全的环境中工作，千万不要制造“敌人”。

## 多往“人情银行”存点儿“款”

一个人不去帮助别人，难以构建人脉。俗话说得好，与人为善，才能与己为善。如果你的“人情银行”里没有储蓄，危机出现时，你很难取“款”救急。所以，要提早做打算，随时储蓄人情。要明白，帮助别人就是在帮助自己。

想要在职场发展，就要扩大自己的人脉圈，就要学会真诚待人——如果能拿出自己最大的诚意，你将能得到别人真诚的回报。所以，看到对方有困难，如果你有能力，且代价不大，一定要尽力去帮。如果你能为对方雪中送炭，那么他会感激你一生。

帮助别人是一种快乐。也许你未必能及时得到对方回报，至少当时你得到了他的由衷感激。

此外，我们要记住：你得意时，对方能与你在一起，并不一定是真朋友；你失意时，对方还能继续陪在你身边，他就是真正的朋友，值得一生相交。

电视剧《虎妈猫爸》中，毕胜男在弱肉强食的职场中获得一席之地，坐上总监的位子。她手下有个叫黄俐的实习生，名牌大学毕业，性格好强，一心想超越毕胜男。

黄俐到公司报到那天，送给毕胜男一瓶迪奥香水。她没想到的是，毕胜男是做实事的人，根本不吃这一套，还训斥她一顿。有一次，黄俐在办公室听见毕胜男和伍姐聊天，说起自己的糟心事。原来毕胜男一心想让女儿去第一小学上学，可她担心女儿考不上，就问伍姐认不认识第一小学的人。

黄俐认识第一小学的主任，就凑过来说自己能帮上忙。毕胜男听罢特别高兴，从此对黄俐特别好，介绍她认识自己的客户，帮她总结职场经验。后来黄俐听说老板的儿子也想上第一小学，就调转枪头帮助老板。

毕胜男没有办法，让女儿在家里复习功课，为来年应考做准备。

自从黄俐帮老板搞定孩子上学的事，老板就特别器重她，把一些重要项目交给她做。可是她并不满足，想得到毕胜男的位子，捷径就是用手段把毕胜男拉下马。

黄俐很聪明，她挑拨老板和毕胜男的关系，让老板对毕胜男心生不满。虽然毕胜男识破了黄俐的阴谋，但是由于公公婆婆太溺爱女儿，所以她决定辞职回家好好教育女儿。

一年后，毕胜男的女儿如愿考上第一小学。她重新找到工作，再次成为拥有霹雳手段的“母老虎”。可是冤家路窄，在和一家饮品公司合作时，毕胜男居然再次被黄俐诬陷。公司让毕胜男停职反省。在这段时间里，毕胜男查到了饮品公司的账，发现了糊涂账源头——黄俐做了手脚。

毕胜男觉得自己就像《农夫和蛇》里的农夫，黄俐就是那条忘恩负义的毒蛇，所以她决定举报黄俐，让她接受应有的惩罚。可是，当她发现黄俐怀孕后，心软了，再次饶过黄俐。

一年多后，毕胜男和杜峰辞职合作创业种植有机蔬菜。由于事业刚刚起步，他们缺少一个扩展市场的能手。这时，毕胜男想到了黄俐。虽然黄俐两次陷害自己，但是她的确有实力。于是，毕胜男向黄俐抛出橄榄枝，不但给她合理的薪资，还不要她坐班，让她有时间照顾孩子。

黄俐非常感动，并为自己之前的行为感到羞愧，在以后的日子里竭尽全力帮助毕胜男。很快，有机蔬菜打开了市场，公司效益也有了明显提高。

做好事能让你受益无穷，这个故事就是最好的例证。所以，帮助别人就等于给自己拓宽人生道路，为自己积攒能量。

好人有好报。在这个世界上，心怀感恩的人还是大多数。别人得到了你的帮助，就会记住你的恩情。当你陷入困境的时候，就会得到他们的帮助。

## 尽量不打“口舌官司”

如果你想建立良好的人际关系，就要时刻注意自己说话的语气。跟对方交流时，不要总在一些小事上争论不休。

其实，每个人的成长背景不同，生活经历不同，思想也就不一样。每个人都有自己的价值取向，我们不可能让所有人都跟自己想的一样。因此，应该以宽容的心态接受更多不同的意见。

有些人比较低调，不喜欢与人争执，即便大家的想法不一样，他们也能尊重对方。但是，有些人比较高调，而且认死理，总想跟对方一争高下。事实上，这种争执毫无意义。

如果你跟朋友为了一个非原则性的问题一争高下，你最终能得到什么？不过是朋友之间伤了和气。也许你是为了逞一时口舌之快，但你要问问自己，是逞口舌之快重要，还是朋友重要呢？如果因此失去朋友，绝对不划算的。

王平上大学时，不但学习成绩一直名列前茅，还担任学生会干部，因此他一直觉得自己很优秀，慢慢地就变得骄傲自满。自从他毕业走出校门，这种情况就变了。

现在，王平只是一家普通公司的普通员工，原来在学校里的那些光环不见了，但他依然心高气傲。不管做什么事都不服别人，总觉得自有一番道理。作为职场新人，他因此吃了不少苦头。

一次，王平跟办公室里的一位老员工因为一个程序处理问题吵起来，他觉得自己编写的程序是对的，那位老员工却认为此程序稍微烦琐。因为程序写得越烦琐，以后出故障的可能性就越大。

王平觉得那位老员工故意刁难他，因为他写的程序本来没有错，就算写得复杂，同样可以达到效果，干吗非要拿这件事让他当众出丑呢?

王平据理力争，想让自己的作品得以应用。在他跟老员工争吵之后，总经理出面让专业人员测试，测试后认为他写的程序需要修改，因为这关系到公司的成本。其实，他心里也明白，程序修改一下会更好，不过是为了面子才吵闹。

自此以后，总经理对王平产生偏见，办公室里的同事也都疏远他。可见，王平不仅没有争过那位老员工，还给领导留下坏印象。这就叫“一步走错，满盘皆输”。

王平开始反思，尽管他在大学里是风云人物，但与现在相比，就像刚学会走路的婴儿。他意识到，在职场中想要获得同事支持，就要时刻保持谦虚谨慎的态度，不要老想着一争高下，适当的恭维也是必要的，毕竟自己还是新人。

想到这里，他就知道自己应该怎么做了。在一次午休时，他当着同事的面给那位老员工道歉，并邀请同事一起去吃自助餐，算是为那天的事赔罪。在他的盛情下，同事们欣然接受了他的邀请。

后来，王平跟同事的关系也渐渐好起来。

从王平的故事中我们可以看出，一个人如果喜欢与人争执，他可能就会被认为是不易相处的人。那么，当他想得到别人支持就比较困难了。所以，我们要记住，遇到什么事情都不要急于与人争辩，要先考虑清楚是否是自己的原因。如果是自己错了，就应该听取别人的建议。无休止地争辩，就是无理取闹了。

事实上，即便你真理在握，与人争辩时也该语气平和，趾高气扬只会伤人伤己。当然，如果是迫不得已，也要选择合适的时机，采取合适的方式来向对方阐述自己的理由。

总之，争辩不会为你带来朋友。相反，你可能会因此失去更多的朋友。

## 烧热锅，也要燎冷灶

汪曾祺曾经说过，最和谐的父子关系应该是“多年父子成兄弟”。这句话体现的是父慈子孝，要求父子应尽最大的努力理解和体谅对方。

“长幼有序”，也许很多人对此表示不屑，甚至有人认为是封建家长制的余毒。事实则不然，尊重长辈放在哪里都不会过时。很多人会用美国年轻人称呼自己父亲的名讳来辩驳，说尊重长辈应该随着社会的发展而改变。因为在过去，社会发展缓慢，年轻人只是重复上一辈的生活经验，凡事要向“过来人”请教，所以对长辈当然尊重。如今科技发展日新月异，年轻人不再依赖上代人的经验。相反要应付未来的挑战，年轻人往往比上代人掌握更多的技能，如计算机等，长辈还得向他们请教。所以，他们当然不会对上代人服服帖帖。

这里需要指出，美国人虽然崇尚年轻，但是他们依然会非常认真地汲取长辈的经验。就像是马克·吐温曾说过：“当我 7 岁的时候，我感觉我父亲是天底下最聪明的人；当我 14 岁的时候，我感到父亲是天底下最不通情达理的人；当我 21 岁时，我忽然发现父亲是天下最厉害的智者。”所以，尊重长辈是非常重要的礼仪。在酒桌上尊重长辈，更是必要的。

周秘书曾经是方局长的秘书。方局长退休后，周秘书升任科长。过年前夕，局里要搞活动，宴请离退休的老干部，并要求所有在职人员参加，不得请假。这让要陪副局长出差的周秘书产生一肚子火气，甚至还不咸不淡地骂娘。

宴会开始，先是局长讲话，后来是副局长讲话，一直讲到丰盛的饭菜变凉了。等所有领导讲完话，周秘书赶紧吃饭，希望早点离开。这时候大家又开始敬酒，他也不例外，敬了局长敬处长，觥筹交错气氛不错。方局长举杯前来，说：“周秘书，呃，不，周科长，我敬你一杯，敬咱们曾经共事的光辉岁月。”周秘书受宠若惊，赶忙举杯喝酒。喝完酒后，方局长借口不舒服离开了。

一个月后，周秘书接到调动通知，他被派往基层锻炼。他不明就里，旁边有人为他指点迷津：“方局长对你有知人善任之恩，你竟然在酒桌上不向他敬酒。你这种势利之人，怎么能混机关呢？”

在酒桌上，千万不要忽视长辈。周秘书就是因为不尊重方局长，仕途一下子变得暗淡无光。

在酒桌上，同长辈或领导喝酒需要懂得以下几个步骤：

1. 祝酒

敬酒也就是祝酒，在比较正式的宴会上，我们敬长辈或领导喝酒的时候，一定要讲一些美好的祝愿、祝福，让长辈或领导喝得舒心。

2. 喝酒

喝酒的时候，祝酒词不可或缺，需要有人率先提议，可以是你，可以是主人，也可以是在场的任何人。在提议干杯的时候，应起身站立，右手端起酒杯，或者用右手拿起酒杯后，再以左手托扶杯底，面带微笑，目视祝酒对象，嘴里同时说着祝福的话。有人提议干杯后，要手拿酒杯起身站立，即使是滴酒不沾，也要拿起杯子做做样子。将酒杯举到与眼睛水平的高度，说完“干杯”后，将酒一饮而尽或适量喝一些。然后，还要手拿酒杯与提议者对视一下，这个过程才算结束。

3. 干杯

当我们同长辈或领导喝酒的时候，一定要小心谨慎。首先，在干杯前，我们可以象征性地和对方碰一下酒杯，但是碰杯的时候，应该让自己的酒杯低于对方的酒杯，表示你对对方的尊敬。用酒杯杯底轻碰桌面，也可以表示和对方碰杯。当你离对方比较远时，完全可以用这种方式代替。遇到不能喝酒的长辈或领导，要充分体谅，可以帮他代饮，或者用饮料代酒，不要强迫长辈或领导喝酒，也不要对长辈不能喝酒的原因刨根问底。

应酬

# 第四章

## 在哪吃，跟谁吃

## 吃饭，满足的不仅仅是胃口

我们都喜欢坐下谈事情，因为坐下来以后，身体会处于放松状态，神经不会像站立时绷得紧紧的，那么所有问题自然就好谈了。

坐着谈话的最好方式，一般是边吃边谈。这是因为吃饭是一件令人愉悦的事情，不但能让我们的味觉得到满足，更能让我们的心理感到放松。那么，接下来无论谈什么事情，大家都是在融洽的氛围中进行的，其结果可想而知。

但在酒桌上，也不是想说什么都可以的。试想当年的“鸿门宴”上，项羽如果在刘邦刚坐下就直奔主题，恶狠狠地说：“无论怎样，吃完这顿饭，我都会杀了你!”刘邦哪还敢坐下吃饭？所以，即便像项羽那么强横的人，也是在酒过三巡、菜过五味后才慢慢切入正题的。

其实，每个久经饭局的人都知道，饭局只是一个交流的平台，觥筹交错之间，不外乎求人办事、请求合作等，所以，饭局中的应酬学问是很大的。把握不好，结果极有可能就是饭白吃、酒白喝。

王丽丽是某公司市场部的普通职员，深谙人情世故。在她看来，每天的午餐都能吃出各种价值。

一般而言，一家公司联系最紧密的两个部门就是市场部和客服部。但是，王丽丽所在的公司，这两个部门的同事即便私交再好也不会在一起吃饭，因为两个部门的领导曾发生过矛盾。

一个月前，公司决定从这两个部门里挑选一名优秀员工出国培训。所有人都知道，出国镀金回来，就有可能成为公司高管，于是所有人为此绞尽了脑汁。

聪明的王丽丽并没有像同事那样在提升业务水平上做文章，而是依照老板的需要，分析出他需要有能力的人，更需要有管理能力的人，于是她便开始执行“饭局计划”。

午餐时间，王丽丽经常邀请市场部经理一起吃饭，以便了解他的近况。下班后，她秘密邀请客服部经理先后参加几个饭局。

至此，王丽丽了解了两个部门领导之间的矛盾。从他们口中得知，其实他们早就想和好了，毕竟同在一家公司，而且是两个联系紧密的重要部门，如果关系一直这么僵，其中一人早晚会被老板炒鱿鱼。

一个周五晚上，王丽丽以她过生日的名义，邀请市场部经理和客服部经理参加自己精心组织的饭局。

席间，王丽丽故意装作醉酒卖傻，让两个部门经理“杯酒泯恩仇”。

后来老板宣布王丽丽遴选为出国培训员工，因为市场部经理和客服部经理都向老板推荐了王丽丽。可见，作为管理者，在饭局中吃出正能量才是真本事。

在应酬中，饭局绝对不只是吃吃喝喝那么简单，“吃什么很重要，吃出什么结果更重要”。

## 敲好开场锣

最常见的应酬就是请客吃饭。一顿饭如何吃得有价值，而不是吃完就拉倒，那就需要从营造饭局的良好氛围开始。

做客的时候，见到主人，你是不是只说“嗨，我来了”，然后就入座闷头吃饭？

请客的时候，见到客人，你是不是只说“嗨，你来了”，然后就招呼对方吃饭？

如果你真这样做，那只能说，不论作为客人，还是作为主人，你都失败了。不管是哪种身份，吃饭时的打招呼都是有效应酬中的一门必修课。上面两种打招呼方式，都是不及格的。与人相见的时候，熟人也好，陌生人也罢，都应该主动跟对方打招呼。如果对方主动跟你打招呼，更要给予积极回应。要知道，你对别人的问候，表达你对对方的尊重和欢迎，是生活礼仪的一种展示；而对方主动问候你，更是向你主动示好。如果你随便敷衍，是相当失礼而且是不知礼的表现。除此之外，打招呼还有许多注意事项，一旦缺乏必要的礼仪，你就很可能在饭局开始前就已经给别人留下一个不好的印象。

小欣今天很高兴，因为她约了很久的一个客户终于答应跟她吃饭了。对于销售员来说，只要客户肯坐下来跟自己吃顿饭，那这单生意基本上就成功了 80 %。只要在餐桌上不出现大失误，可以说合作基本上十拿九稳了。所以小欣在邀约成功之后，非常高兴地赶往约定的地点。

小欣准时在约定地点见到那位客户。因为太过激动，她见到客户就冲上去，几乎贴着客户的脸说“嗨，你好”。客户立即往后退了一步，拉开自己跟小欣的距离，微微皱起眉头。

小欣马上意识到自己跟客户打招呼的方式引起客户反感，于是她马上解释说自己太激动了。客户的眉头依旧微微皱着，但没有转身走人。小欣马上请客户入座。

尽管小欣努力地捕捉客户的兴趣点，但客户一直应付，闭口不谈合作的事。就在小欣说得口干舌燥的时候，突然看见好朋友出现在客户身后，高兴地站起来，挥动双手喊好友的名字。好友看见她，却把目光移向她对面。她猛然意识到，客户坐在她对面。这时候，客户没等小欣开口，便起身表示自己还有点事，合作的事情下次再谈。

其实小欣未必不懂饭局中的基本礼仪，她最大的失误就是没有营造融洽的交流氛围，输在打招呼的细节上。打招呼虽然是个很短暂的过程，却能从中看出许多问题。那么，跟人打招呼的时候应该注意哪些问题呢?

首先，要注意距离，这一点许多人容易忽略。小欣就是在这一点上失误。每个人都有自己的安全距离，一旦被人侵犯，会顿生反感。所以，交流时需要保持一定的距离。也不是说距离越远越好，如果距离太远，交流时不是说话而是喊话了。为了跟一个人交流而使全场侧目，或者突然站起，都是对他人的一种干扰。这样的交流方式，就是一种失礼。

其次，要根据会见对象而定。陌生人初见之时，言行要合乎礼仪，问好和表示自己很高兴认识对方都是必要的。与对方的眼神交流应是短暂而真诚的，切忌目光游离或者长时间盯着对方，这都会让人产生反感。跟熟人交流时，可以不用那么拘谨，一句“好久不见”或者稍带寒暄开场就可以让对方感到亲切，切忌因为和对方熟识就肆无忌惮地拿人“开涮”。熟人如果是长辈，理应自己先问候对方，而不是等对方问候自己。同时，男性应该先向女性问候，以显示自己的风度。

最后，不是看见熟人都需要很正式地跟对方说“你好”。有些人，比如说同事或者在一个餐厅吃饭的朋友，在短时间内你会多次遇见对方，如果每次见面都要正式地跟对方说“你好”，不仅会让你觉得很麻烦，也会让对方觉得很无聊。所以，第一次遇见时正式地打过招呼之后，再次遇见时只要微笑点头或者摆手就足够了。

## 饭局上的加减分

中国人一般都很讲究吃，同时也很讲究“吃相”。随着职场礼仪越来越被重视，“商务饭局”中的“吃”和“吃相”也更加讲究。如果你看到一位绝美佳人坐在那里狼吞虎咽，想必也不会对她有好感了。所以说，从“吃相”看出一个人的“品相”一点儿都不为过。尤其作为职场新人，在某个重要的饭局上，一定要注意自己的“吃相”，永远让自己保持优雅状态。

以中餐为例，开始进餐时，服务员一般都会送湿巾。你要知道第一条是用来擦手的，切不可用它擦脸。随后，如果你点了需要用手拿起来吃的菜品，比如龙虾、水果等，服务员会送上一个小水盅，上面漂着柠檬片或玫瑰花瓣，它不是饮料，而是洗手的。洗手时，可两手轮流沾湿指头，轻轻涮洗，然后用湿巾擦干。

这些看似非常小的细节，在别人的眼里，也许就能断定你素质高低。

吃饭过程中，夹菜也有学问。如果没有服务员分菜，夹菜的时候一定先看好，切不可用自己的筷子在盘中挑来拣去，甚至搅拌。不是每个人都像家人一样不介意你筷子上的口水。我们最好使用公筷、公勺。如果没有，可以吩咐服务员提供。

如果你想吃的菜离你比较远，一定要等别人夹完以后再旋转桌盘。如果别人正在夹菜，你一下子把盘子转过去了，是很没有礼貌的。

在中国，如果足够热情的人，通常会为对方夹菜。比如新媳妇第一次到婆家吃饭，如果婆婆能给她夹菜，让她多吃点儿，怕是要把她美坏了。但夹菜也要分时候、分场合，切不可以偏概全，把谁都当作自己人对待。领导、外宾或者是不熟悉的人，切记不可这样做。除此之外，喝酒也是如此。客人想喝就喝，实在不想喝也就算了，弄得大家都不高兴又何必呢！

一位外国人到中国寻求发展。他给自己定下规矩：绝对不喝酒，喝酒误事。一次在公司聚会中，年轻同事就故意要他破例，拼命劝酒。情急之下，外国人说："劝我喝酒，还不如让我从桌子底下钻过去。"大家以为他是辞酒的借口，一个人便说："你如果真的从桌子底下钻过去，我喝一碗。"谁知，外国人果真从桌子底下钻过去，弄得大家都很尴尬。

所以，没有弄清地域差异，绝对不能强迫别人喝酒。

"吃"也是有讲究的。让筷子上的食物在自己的餐碟中过渡一下，再送入口中，可以让人看起来不是那么急切。食物在口中咀嚼时，要闭紧双唇，以免说话食物掉落、汁水外溢，以及避免发出"吧唧吧唧"的倒胃口声音。

酒足饭饱之后，那些不拘小节的小举动要统统收起。用餐之后，要擦擦嘴角，不要出去之后，别人还能从你嘴角的残留物看出你吃过什么。餐后尽量不要不加控制地打饱嗝或嗳气，更不要在餐桌上剔牙。如果需要剔牙，一定要用餐巾纸或手挡住嘴巴。不要让餐具发出任何声响，绝对不能吸吮筷子或把筷子插在米饭中。这是大忌——在一些地方非常忌讳，这就好像葬礼上的香烛，被认为是不吉利的。

准备离席的时候还要注意，在主人没有示意宴席结束时，客人不能先离席。

总之，饭局中一定要小心谨慎，切记不要暴露你的弱点，否则你的这次应酬，极有可能为你减分。

## 同事聚餐中的陷阱

工作繁忙辛苦，下班后约几位同事一起吃饭，在饭桌上各自吐一下苦水，也不失为一种解压办法。但同事终究不是亲朋好友，彼此间存在利益冲突，所以，我们吃饭时就该有所注意，不能无话不谈。

如果同事请客吃饭，你千万别傻乎乎地直接赴约。你要先了解一下对方请客的原因，以免自己失礼，然后不妨备份礼物，或者与其他同事事先沟通一下。

王美凤刚入职一个多月，人缘不错。有一天，人事部的张仲要请客，还说会带上他交往多年但从未露面的女朋友。王美凤以为他说着玩呢，最后发现是真的，所以就去了。

吃饭的地方是一家高级餐厅，王美凤穿一身休闲装早早到场，却没想到其他同事一个个精心打扮，弄得她尴尬至极。

饭吃到一半，张仲拉着女朋友站起来，说今天是他俩订婚的日子，所以请部门同事聚一下。

大家一起鼓掌祝贺，纷纷拿出红包或礼物送给张仲。此刻，王美凤都想找个地缝钻进去——可以想象，此刻她两手空空有多尴尬。

后来，王美凤责问同事为什么事先不告诉她，同事说她头脑简单，也不想想张仲请客吃饭的原因。也是，谁会平白无故地请客吃饭呢？

当然，不是每次同事请客吃饭都有特殊的理由，不过就算随便聚餐，也不要忽视礼节问题。

比如，有人在吃饭的时候喜欢开玩笑，以此活跃气氛。善意且有分寸的玩笑当然很好，因为能让人放松。但是切记，凡事都有个度，玩笑要是过度了，就会让听者不舒服，那就招人烦了。

酒桌上开玩笑，一定要把握好以下几方面：

1. 要了解开玩笑的对象

跟你关系好的，而且懂你幽默的人，与他们开玩笑，对方会一笑了之。有些人生性严肃、敏感，与这种人在一起，开玩笑时最好不要涉及他们。还有一点，切忌开领导的玩笑，后果也许不堪设想。

2. 要注意开玩笑的内容

同一个对象，开玩笑的内容不同，对方的反应也会不同。每个人都有自己的承受底线，而每件事对每个人的影响也不同。所以，你觉得一个玩笑无伤大雅，但对方觉得自己受到了侮辱，最后的结果只会是一拍两散。

3. 要清楚自己开玩笑的目的

开玩笑只是为了活跃现场气氛，你的玩笑最好不要涉及别人的缺点或过失，更不可调侃别人的生理缺陷，尤其在女性面前不能乱说话。如果动机不纯，最后只能自取其辱。

4. 千万不可涉及隐私

有些人喜欢在茶余饭后聊八卦，调侃别人的隐私，并以此为乐。这种行为万不可取，因为任何人都反感背后谈论他人隐私的“八卦王”。

朋友是一家公司的老总，那天我去参加他组织的聚会。在聚会上，他的秘书也在。可能因为酒稍微喝多了，秘书的话也就多了。后来，她竟然开始得意扬扬地讲起老总与公司一位部门经理的婚外情，让老总的形象瞬间崩塌。

事后不久，再见到这位老总时，我发现他的秘书已不是上次那位爱八卦的人了。

很多同事之间关系融洽，但并不意味着你跟谁都可以敞开心扉，更不意味着你可以拿别人的隐私作为聊天的话题。

所以，当你与同事一起吃饭的时候，千万要注意以上这些事项，如果做得到位，会让你和同事的关系更融洽。

## 酒桌上，不要把“正事”挂在嘴边

请客吃饭只是一个媒介，谈事才是目的，也就是所谓的办成“正事”。

有些人推崇“此时无声胜有声”的境界，认为自己请客户吃饭的目的，客户心知肚明，所以从入席到离席对自己的目的一字不提。

有些客户是老客户，你不说正事，他心里记着呢；但有些客户是新客户，你不说“正事”，他也不好意思提醒你——最后饭吃完了，对方有可能还不知道你为什么请他吃这顿饭，这就是你的失误了。

人们常说未雨绸缪，因为机遇总是青睐那些有准备的人。不管是老客户还是新客户，请他们吃饭之前，对我们自己要办的“正事”，心里一定要清楚。

所罗门在印度经营一家玻璃店。他的店里新进一批强化玻璃。这种玻璃材质特殊，比市面上的玻璃还要坚固，通常用在高楼大厦上。但是，刚开始的时候，这种玻璃的生意并不好做，因为人们对它的特点、优势几乎一无所知。后来，经过多方调查分析，所罗门决定举办一场晚宴，借此让人们了解这种玻璃的优点。

晚宴进行得很顺利，人们吃得也很开心。当客人吃完最后一道茶，觉得晚宴该结束的时候，有人忍不住问办这场晚宴到底为了什么，因为所罗门对此还在保密。当客人议论纷纷的时候，所罗门让服务员为每人准备一把小锤子。

客人不知所措。这时，有个孩子一时调皮，拿起锤子砸向眼前的玻璃桌子。只听“咣当”一声，客人惊呆了。

客人正想着预料中的惨剧该怎么收场时，却发现玻璃桌子丝毫没有受损。客人都愣住了。有些人不敢相信，试着拿起锤子敲击桌面。

奇迹在这一刻发生了，丁丁当当的声音成为这场晚宴美妙的结束曲。

所罗门开始没说“正事”，只是当晚宴将要结束的时候，才突然给客人带来视觉和听觉的双重震撼——让客人在好奇心的驱使下自己去了解真相，可谓是“无声胜有声”。

前两天曹丹和我吐槽，说很长时间不联系的老同学约她一起吃饭。原本曹丹觉得老同学约她是联络感情，就按照约定时间赴约。走进包间后她才知道，除了老同学，还有两个人。

老同学非常热情地向两个人介绍曹丹，夸她是职场精英。曹丹有点摸不着头脑，就和他们随便聊聊。

菜还没上全，老同学就开口了：“曹丹，实不相瞒，今天约你见面，是有求于你。我听说，你们公司打算跟××公司合作，研发一款功能饮料。你能不能跟领导说说，跟我朋友的公司合作，事成之后咱们都有好处……”

曹丹一下子就明白老同学组织这个饭局的用意了，本来介绍合作对象是件好事，可老同学做事的方式让她很烦。于是，她放下筷子说：“你看，我原本以为你约我叙旧，既然今天是谈公事，那就改天再约吧。”

老同学听后着急地说：“别改天再约啊，我朋友也在这里，你就跟他们谈谈呗！”此话一出，曹丹就更生气了，直言说，如果对方想合作，可以到公司去谈，然后就离席了。

所以说，我们不能在饭局刚开始就把“正事”挂在嘴边，那会让受邀之人如坐针毡。当然，等到饭局将要结束时才宣布“正事”，也会让受邀之人产生被“胁迫”感，同样不妥。

所以该怎么说正事，什么时候说正事，里面是有大学问的。但是，最重要的是你要事先有所准备，不能临时抱佛脚。还是那句话，请客吃饭是媒介，谈事才是目的。为达目的不择手段，在这样的饭局，谁都达不到目的。

## 应酬时，神秘等于诡异

吃饭喝酒一直在社交中起到非常重要的作用。很多时候，有些事就是在吃饭喝酒中促成的。尤其酒过三巡后，在酒酣耳热之际向上司说几句情真意切的话，也许升职加薪就指日可待；与合作伙伴吃饭喝酒，热情友好之后也许就能财源滚滚。

酒桌上说话技巧关乎应酬的成败，甚至会影响一个人的一生。应酬酒局，懂得酒桌上的礼仪者智，能言善道者胜。因此，要想掌握说话的主动权，在吃喝之间构建人脉，就要在酒桌上学会如何说话。

蔡阳是营销专业的应届毕业生，前几天进入他梦寐以求的电子公司做实习生。他非常珍惜这个机会，希望实习结束后能留在公司的营销部门工作。

这天，公司安排了实习生与正式员工的交际酒会，以方便大家联络感情。席间，蔡阳的座位与后勤部许主管的座位相邻，他的心里有点紧张。向大家做完自我介绍之后，他就与许主管讲起他在网上看到的一些笑话。可能是他们怕打扰到大家，所以说话的声音比较小。由于他们太过投入，就连人事部经理向他们敬酒都没有听到。

“小蔡同志，你跟许主管有什么秘密，不妨大声说出来，和大家分享一下！”人事部经理面带愠色地说。

“没有，没有，我们只聊一些无关紧要的小笑话。”蔡阳惶恐地回答。

“嗯，你很谨慎。”人事部经理听了蔡阳的解释，似笑非笑地说。

第二天，蔡阳发现同事对自己疏远了许多，似乎有意躲着他。他心里纳闷，就向平时跟他关系比较好的一个老员工请教。

“不是我说你，昨天酒会上，你不该跟许主管窃窃私语。”老员工语重心长地说道。

原来，许主管人称“笑面虎”，总是说一套做一套，经常在老板面前打小报告。同事都害怕自己有什么小辫子被他抓到，职位不保，就连人事部经理都差点儿吃大亏。那天蔡阳跟许主管谈得那么投入，同事都以为蔡阳是他培养的“小爪牙”，生怕自己有什么把柄被抓住，所以不敢跟蔡阳走得太近。

蔡阳由于不懂得酒桌上的禁忌，才引起同事的误解。试想一下，如果在座各位都在兴高采烈地互相介绍，只有你跟身边的人小声嘀咕，或者时不时地看看别人，那么让在座的人会怎么想？他们就会想，难道自己今天穿的衣服不合体，还是我脸上留下吃饭的菜叶子？或者是自己哪句话说错了？他们心里肯定会不舒服，觉得你不尊重大家，这将直接影响你的这次应酬效果。

宾客比较多，有熟悉的也有不熟悉的。如果此时你与邻座的人小声嘀咕，就会给别人一种神秘感，往往让人产生“就你俩好”“你俩在议论别人”的感觉。

另一方面，人们往往会把喝酒聊天跟利益联系起来。如果在酒桌你与一个人贴耳私语，也许别人在心里就会将你进行“过滤”“贴标签”。不管你愿不愿意，对方已经跟你划清界限。

蔡阳吸取了上次酒会的教训，在实习期快结束的一次总结酒会上，改正了和身边人窃窃私语的毛病。这次他与每个人谈话都用词精准、情真意切，讲些能让每个人都参与的话题。既引起了大家的共鸣，又调动了现场的气氛。

这次酒会后，同事都被他的知识广博和人格魅力吸引。实习期结束后，他顺利地留在营销部门。

因此，不管亲朋好友聚会，还是同事之间闲聊，要想成为大家欢迎的人，一定不能只和身边的人小声嘀咕，有什么话都要放到“台面”上来讲，有什么难题让大家一起帮你出主意。酒桌上想要获得大家的认可，你首先要表现出自己坦荡的胸怀，照顾每个人的感受，才能让大家喜欢你。

## 斟茶倒酒，一举一动间方显应酬之道

在职场的饭局中，我们避免不了要给客人斟茶倒酒，那么在这上面，同样也有一定学问的，会不会斟茶倒酒同样彰显我们的素质。常言道，“茶满欺人，酒满敬人”，如果不懂得这些礼节，难免会让客人扫兴。特别是职场新人和上司一起吃饭的时候，你在斟茶倒酒上的失礼肯定会引来不必要的麻烦。

蕾蕾刚入职一家韩国公司。她为人比较率真，没几天就和同事们打成一片。有一次，公司组织员工旅游，在晚上聚餐时，因为有韩国老总在，所以员工们都很自然的入座吃饭，顶多也就是彼此之间讲个笑话，或者聊聊风景。

这时候，蕾蕾主动走到老总的座位旁边，用夹生的韩语连连敬酒。结果几杯酒下肚以后，蕾蕾便手舞足蹈，还把手搭在老总的肩上。

自那以后，蕾蕾发现同事对她不像以前那样热情了，私底下还叫她“舔狗”，不屑与她为伍，让她颇为烦恼。

其实，蕾蕾只是在饭桌上向老总敬酒时失态，从而让同事对她产生反感。可见，斟茶倒酒的禁忌，职场人一定要谨记。

俗话说，感情靠酒，越喝越有。职场饭局中很少没有酒，既然有酒，那么倒酒在所难免。倒酒的顺序一般是先主后宾，然后才是其他客人。在倒酒时，酒杯应放在餐桌上，不要碰到杯口。如果领导给你倒酒，拿酒杯的姿势就需要注意。如果是高脚杯，应该用手指捏住杯腿，平底酒杯应用手掌托住酒杯。至于倒多少酒，当然要倒满。酒要满，茶要浅。当然，如果给领导倒酒时，你就更要留意当时的情况。如果领导已经喝得差不多了，你再给他倒满，就会让领导难堪，这时以倒到酒杯的二分之一最为合适；如果领导是非常爽快之人，就一定要倒满，否则就会让领导生气。当然，我们在这里说的都是传统的白酒。至于葡萄酒、香槟酒、白兰地、甜露酒等，是不宜倒满的，只宜倒到酒杯容量的三分之二处，其目的是使饮酒者在饮用时能让酒在杯中旋起来，使酒香充分地挥发。

当我们给客户或者上司倒酒时，一定要注意自己的态度，不能看着他人一边倒酒一边说话，这是对他人的不尊敬。在敬对方酒时，喝完以后要主动帮对方倒酒。多给领导或客户添酒，不要乱给领导代酒，就是要代酒，也要在领导或客户确实想找人代酒的情况下。这时候，还需要我们装作自己想喝酒，而不是特意为了给领导代酒而喝酒。如果太过明显会让领导产生反感。当然，也可以通过旁敲侧击的方法，把准备敬领导酒的人拦下。

酒离不了茶，在饭局中，斟茶也是一门大学问。一般来说，在饭局中会有服务员斟茶，但服务员不在场时，一般由地位最低、年龄最小的人负责斟茶。斟茶的次序跟倒酒同样。

茶水一定要适量，茶满一向被视为不敬。因此无论大杯小杯，都不宜斟得太满，太满容易溢出，可能还会烫伤客人，会让彼此都很难为情。当然，也不能斟得太少。如果茶水只是漫过杯底就端给客人，会使客人觉得你在敷衍。

端茶也要讲究礼仪。按照我们国家的习惯，都是用双手给对方端茶。如果茶杯有杯耳，通常的做法是用一只手抓住杯耳，另一只手托住杯底，把茶杯递给对方。对于没有杯耳的茶杯，在斟满茶后会非常烫，这时候千万不要用手指捏住杯口边缘往客人面前送。尽管这种端茶方法可以防止烫伤，却非常不雅观，也不卫生。这时候不妨用餐巾纸垫着手端给对方。

要及时给上司或者客户的茶杯续茶，不要等上司喝完茶了，你还无动于衷，难免会让上司觉得你没有眼力见儿。这时候你可以示意服务生续茶，也可以让服务生把茶壶留在餐桌上，由自己续茶显得更好一些。这样做，也是在饭局中掩饰自己不知道该说什么好的尴尬。当然，在续茶的时候一定要先给他人续，最后才轮到自己。

## 酒桌上讲话，并非没有禁忌

在日常工作、生活中，经常有一些朋友聚在一起喝酒聊天，缓解一下工作和生活的压力，联络一下感情。酒桌上往往需要一些谈资来助兴，但是有的人总爱讲一些扫兴的话，搞得大家都不开心。

有的人会认为酒桌上没有禁忌，但事实上却有许多禁忌，不注意这些，就可能无意中得罪不该得罪的人。

小陈是刚参加工作的小伙子。中午，老板说下午没什么事，提议到外面喝酒。

一行人就近找家小餐馆，点了一瓶白酒，开开心心地喝酒聊天。中间有道菜是黄瓜蘸酱，酱是黏糊糊那种，可能小陈没见过这种酱，就说道："这酱怎么没有豆啊，黏糊糊的，跟稀屎一样……"

他这样一说，同事顿时没有食欲了。几位女同事连其他菜也不吃了，只是干喝水，场面非常尴尬。

一次同学聚会，步入社会后的同学都在谈论自己遇到的各种新奇的事。当然，在感慨社会压力巨大的同时，他们也偶尔讲述自己在大学里做过的那些"蠢事"。

小陈一会儿问这个同学在哪里任职，工资待遇怎么样；一会儿又说谁的行业没有发展空间，应该赶紧跳槽。开始同学出于礼貌，还象征性地应付他几句，后来干脆不搭理他了。

从此以后，身边的人都知道小陈有"搅局"的毛病，出去应酬就不带他了。

由此可见，想要在酒桌上受到欢迎，一定不要谈论下面这些禁忌话题。

1. 经济问题

朋友之间许久未见，许多人见面就打听别人做什么工作，薪水是多少，好像只有知道别人过得不如自己才会安心。

现在的职场人工作压力都很大，聚餐就是为了放松一下心情。你上来就把负能量传播得到处都是，肯定会让大家感觉非常压抑。况且，不在一个行业，话题本身就不太好找，如果继续谈禁忌的话题，只能冷场。

关于收入，每个人都不愿意触及，因为人人都有一颗攀比的心。收入低的人会“暗自神伤”，收入高的人虽然极力掩饰，但“得意之情”往往会溢于言表。况且，别人挣多挣少跟你没有关系，他的钱又不会跑到你的口袋里。其实，每个人过得怎么样，彼此心里都有数，你反复确认，只能伤害彼此的感情。

2. 父母、夫妻、孩子等一些家庭矛盾

有些人在酒桌上总喜欢讲述自己的公婆如何偏心，生活习惯上存在哪些矛盾。其实，家家有本难念的经，这些问题谁也理不清。而且，当你把这些问题抛出来，无形中也会让别人觉得愤愤不平。

还有一些家长在饭局中，总是被问到孩子多大了？学习怎么样？结婚了吗？工作怎么样？工资多少……这时，一些人就开始“口若悬河”，讲述自己的孩子多么优秀。如果孩子在场的话，场面就更尴尬了。本来现在的孩子压力就很大，这样一晒，他们更不愿意待在饭桌上了。

有些人总喜欢在酒桌上对对方的小缺点、小毛病大肆调侃。比如媳妇懒得要命，老公好几天都不洗脚……不免会使对方难堪。无论对方的心有多大，作为老公（或者老婆）都不应该触及对方的忍受底线。

3. 酒桌上勿谈生意

你可能会说，合作商之间，就是为了合作才坐在一起喝酒的。喝酒本来就是一种应酬，不谈生意上的事情，这种应酬还有什么意义？但是，千万不要上来就谈生意上的事情。人家还不知道你是张三还是李四，你这个人到底怎么样，开口就向别人要订单，闭口谈合作，让对方怎么回应合适？酒桌上不要太心急，喝到位了，合作也就差不多了。大家心里面都明白，不然人家也不会出来跟你喝酒。

4. 恶心或者血腥的事

酒桌上除了谈心、交流以外，一个重要的事情就是吃饭。你在吃饭时讲一些车祸、断胳膊断腿的新闻，或者指着一道菜说它像蛆虫，大家不免进行联想。好好的一顿饭，就被血肉模糊、蛆虫乱爬的画面给破坏了。恶心到自己也就算了，关键还恶心到别人。所以，如果想让大家吃好、喝好，在酒桌上就要做一个会说话的绅士。

5. 低级、下流的段子

许多人，特别是男性，在酒桌上总喜欢讲一些低俗的段子，以此娱乐大家。

但是，酒桌上可能有女性。你讲一些低俗的段子，会让她们认为你居心不良，另有所图。

应酬

# 第五章

## 在应酬中学习，在学习中应酬

## 初入职场，得体的称呼是交往基础

很多年轻人刚进入职场时，每天都恐惧和同事打招呼，更恐惧遇到无法叫出名字的同事。久而久之，除非工作需要，否则他们就躲避同事，也不主动和同事出去应酬，最后成为办公室“孤独”的人。其实，这些年轻人之所以恐惧，主要是因为不知道如何称呼同事。不分年龄资历大小的称呼同事，怕引起同事不愉快。

那么，应该怎样称呼不同的同事呢？首先需要我们注意的就是称呼的名称。其实对于同事的称呼并不是绝对化、固定化的，在不同的场合，对同事要采用不同的称呼。身为职场新人，要留心周围的同事相互间是如何称呼的，特别是资历和自己一样的人。在职场中，应该明白，得体的称呼不仅能拉近上下级关系，还能让同事间变得亲近，更能避免很多不必要的麻烦。

曾坤刚参加工作，见到同事的时候总是老师长、老师短地称呼，大家对此并不在意。没过多久，他就和同事混熟了。

曾坤发现，并不是所有同事都适用这个称呼。每当他称呼同事老吴“吴老师”时，老吴总会皱起眉，对他爱答不理的。他很纳闷，自己并没有得罪过他啊。后来经过侧面打听，他才知道老吴不管在学历上还是工资待遇上都不如他，至今还是普通办事员。因此老吴听到他称呼自己为老师的时候，认为他是故意讽刺自己，所以心里大为恼火。

可见，我们在不了解情况的时候，千万不要乱称呼，特别面对公司里的女同事，不要张口就“大姐”“阿姨”地乱叫。对于女性来说，永远希望自己是年轻的，如果我们在称呼上把她叫“老”了，换来白眼是小事，若在工作上她们不配合，我们就要遭殃了。

每个企业都有自身的文化。同事间的称呼也是企业文化一部分。企业中相互之间的称呼，往往和企业管理风格有密切联系。若不懂得企业文化，就无法掌握得体的称呼，在企业中就会举步维艰。

例如，很多外企，尤其欧美企业，同事或上下级之间都习惯直呼其英文名，并没有职务区别。如果你称呼其职务，反而会显得格格不入。如果你在这样的企业工作，就要先给自己取个英文名字。

在学者创办的企业里，比如报社、电视台、文艺团体、文化馆等，则喜欢用“老师”这个称呼。这些单位文化气息浓重，而“老师”这个称呼最能体现一个人的学识和见识，因此最为合适。

在国企或政府部门中，最好以行政职务称呼。例如李局长、张处长，刘书记等。

在私下的聚会中，称呼应该更加亲密随便一些。年长的可以在姓后面加个“哥”或者“姐”，但有时也需要注意分寸，千万不要因此引起对方反感。

## 让对方愿意说下去

在应酬场合中，我们最恐惧的就是和客户话不投机出现的冷场，这时我们不能放弃交流，否则就会让场面更尴尬，也不再对我们感兴趣。这时要赶紧转换到新话题上，让交谈继续下去，这样我们才能逐渐把客户注意力转移过来。

很多时候，在与客户的应酬中我们还需要找对方感兴趣的话题，也就是抓住客户的兴奋点，投其所好，这样才能赢得他的好感。有人说：“如果你转换的话题能让人感兴趣，那么，你就是很厉害的沟通高手。”

吴玉毕业后来到表姐余薇工作的公司。吴玉刚入职，不知道如何与同事沟通，更不知道如何融入同事的圈子，所以感到无所适从。她虽然一直想融入进去，却不知道怎样和同事沟通。

她向余薇请教。余薇告诉她：“你要多和同事聊他们感兴趣的事情。”

“我刚来，不知道他们对什么感兴趣啊。”吴玉很苦恼。

“你可以根据他们的服饰进行判断，从日常生活中找话题啊。”余薇感觉靠讲解无法让吴玉开窍，决定现场演示一下。

第二天早上，余薇来到吴玉的部门，进门就热情地逐一向同事打招呼，然后在吴玉旁边站下，对邻座的丽丽关切地说道：“丽丽，今天看起来你很忙啊！”

丽丽回答：“昨天新到一批女装，我没来得及整理宣传方案。这不，现在正整理呢！”

余薇问：“你还没吃早餐吧？”

丽丽说：“忙活一个多小时了，等中午再吃吧。”

余薇说：“昨晚我听吴玉说，这几天你们都很忙，就猜到你们没时间吃早餐，我给你们买了豆浆和油条。你们先去吃点东西吧，吃饱才有力气干活啊。”说着，她把豆浆和油条分给同事。同事纷纷表示感谢。

同事喝豆浆时，余薇拉着吴玉和他们聊天。吴玉看着丽丽身上的衣服问：“你这条乞丐裤的洞也太大了吧？”

丽丽一愣，表情有点不自然地说：“还好吧。”

余薇接话说：“丽丽眼光可独到了，每天都穿潮牌衣服，我看好几个女明星都穿这种裤子呢。

“丽丽，前两天我在微博上看到一个女明星在牛仔裤外加了一条纱裙，感觉好潮呀。前几天你也穿过那种纱裙吧？”

“是呀。”丽丽兴奋地说道，“其实我当时买的时候没看到那个女明星穿，只是觉得这么搭配很不错就买了。”

没过一会儿，余薇和丽丽就从衣服聊到生活等问题。余薇见时间不早了，就向吴玉、丽丽告辞。丽丽还对余薇说，不忙的时候过来玩啊，看来她和余薇聊得来。

“酒逢知己千杯少，话不投机半句多”。在应酬场合中，如果你不能迅速找到共同话题，抓住谈话兴奋点，很可能就会失去一次重要的机会，甚至引起对方不满。上述案例中，吴玉不小心说错话，让丽丽有些尴尬，幸好余薇立刻转移话题，才保证交流顺利进行。

在各种应酬场合，我们会碰到形形色色的人，有时难免会话不投机，遭遇尴尬。如果双方都不愿多说，呆呆地尬坐，就无法打破僵局进一步沟通。当然，也就谈不上建立良好的关系了。

最好的解决办法是，找到对方感兴趣的话题，抓住谈话兴奋点，激发他的表达欲望。如果能做到这一点，你就会在应酬中达到自己的目的。因为，大家都有参加应酬的目的，都想把话说到对方的心窝里去，这就必须学会投其所好，说对方感兴趣的话题。

有些人对此不以为然，在应酬场合中只顾说自己的话，办自己的事。如果细心观察，你会发现这种沟通方式的成功率很低。所以，掌握一些说话技巧很有必要。但是，说来简单，事实上做好也不易。

说话的人各有各的目的，寻找共同话题的方式也会不同。语言是沟通的基础和桥梁，是达成有效应酬的有力武器，你只有投其所好，并且让自己的语言富有感染力，才能打动人，才能达到应酬的目的。

与人交流，转换话题之前要先进行观察。因为你找不到对方感兴趣的话题，转换的新话题依然不会让他满意。

通常而言，我们可以通过观察对方的着装、表述内容、肢体语言等找到他感兴趣的话题。其中，观察一个人的言行是最有效的办法，我们能从中看出他的喜好、身份、地位、内涵和品位。

读懂这些信息之后，你就能准确地找到合适的话题了。

如果不能准确地进行观察，我们还可以适当地主动询问他的兴趣爱好，这些可以在自然的寒暄中得知。

一般而言，我们谈论最多的是对方的兴趣爱好，因为这样的话题不会显得很唐突。

你可以采用抛砖引玉的方式，先说自己的爱好，自然而然地引导对方说出自己的爱好，然后寻找彼此的共同点。这样一来，新话题就出现了，而且还是双方都感兴趣的。

老杨不仅酒量好，会说话，还是热心肠。公司无论哪个部门聚餐都愿意叫上他。他每次都能把气氛搞得非常活跃。

有一次，教育部门的同事聚会，两个同事因为教育理念不同争执起来。老杨立即充当和事佬，岔开话题。他看到其中一个年纪较大，思忖一下，觉得这个老同事从事教育工作这么久了，管理能力一定很好，便笑呵呵地说："听说您年轻的时候就已经是非常有能力的教师，培养出不少人才。现在升到管理层，真不错。"

"有能力不敢当，管理上只能说略有经验吧。"

"我的管理能力太弱了，想跟您请教一下如何提高管理能力，把公司的业绩再提一提。"就这样，老杨转换了对方的注意力，局面立刻好转。

最后，场面又重新热闹起来。

在应酬场合中，要想在短时间内营造良好的沟通氛围，避免话不投机，就必须找到谈话的"契合点"——对方感兴趣的话题。

另外，值得注意的是，在交谈中不要以自己为中心，要注意对方的情绪，看他是否愿意交谈。如果发现对方不感兴趣，应立刻转移话题。你拖得越久，对方对你的好感也就越少。

只有彼此之间产生共鸣，才能使谈话进行得更深入，谈得更愉快。所以说，任何以自我为中心的应酬都是无效的。

话不投机是应酬中的主要障碍，要是不及时转移话题，对方会拒绝继续沟通。实际上，要想成为应酬高手，绝不能给对方说"不"的机会——通过及时观察，迅速找到共同点，沟通就能继续进行。

在应酬场合，要在最短的时间内让对方对你的话题感兴趣，这样他才能愿意接受你。

## 谦卑永远是硬道理

有一句在职场中广为流传的话，“不会做事不要紧，但是态度一定要好”。年轻人初入职场，对业务不熟悉，不知道从何入手，这都没关系，因为可以慢慢学。但是作为职场新人，如果你为人处事的态度不好，眼高手低，不能很好地跟同事相处，那么就没有人会愿意帮你。这时候，恐怕你连学习的机会都没有了。

吴过从某名牌大学毕业后，就开始了职场生涯。一年后，他就升任小组负责人。很多人问他，是否是他的名牌大学学历让他领先别人一步，他笑着摇摇头，道出了他的升职之道。

入职后，他就把自己的位置摆得很低，不管面对CEO、还是经理、前台，甚至清洁工，他都一律面带微笑，谦虚低调。有一次，主管给新人布置任务，一位与他同期入职的同事大声问主管“你刚才说什么，我没听清楚”时，他走上前说，“领导，麻烦您再说一遍。不好意思，我刚才没听明白”。当同事问他在大学的生活时，他笑道，“逃课，挂科，吃喝玩乐，我们都是一样的”。同事知道自己和他有差距，但着实喜欢他的低调，就好像找到了知己，便与他成为好朋友。

在业务上，吴过则积极进取，领导安排的工作，就算是发传真，他也会认认真真地完成。其他人对于领导安排的发传真工作，经常是传完则止。吴过则多了一份细心，待传真发出之后，他一定会确认对方收到，即使发电子邮件也是如此。久而久之，同期入职的其他同事，与他的差距就愈加明显了。

吴过的成功告诉职场新人一个道理：认真工作，不代表工作能力低，而是快速适应新环境的最好办法。能在职场获得一定地位的老员工都是精明能干的人，他们可以从一个人的做事态度中了解一个人。在职场上有经验的领导不会因为你的低姿态而轻视你。低姿态并不代表一个人没有能力，而是谦卑好学的态度。

李胜获得计算机博士学位后，任某 IT 公司技术总监。在这个高薪要职的背后隐藏着李胜当年找工作的辛酸。当初他博士毕业后在家里待了半年，即便后来找到工作，也只是在一家公司办公室里打杂。

拿到博士学位，李胜的想法是非世界五百强企业不去，不在管理层不干，致使他求职时遇到许多困难。对他来说，毕业即失业，在家里待了大半年。那时候，和他一起读博士的同学都找到了工作，虽然收入没有当初他们想象的高，但是有收入总比在家吃闲饭要好。一位昔日同窗好友告诫李胜，“你别总想着自己是博士，什么都不愿意干。你先得让公司了解你，知道你有能力才行”。

这句话让李胜顿悟了，后来他摆正自己的位置，把博士文凭收起来，只拿本科文凭应聘，很快被一家网络公司录用。因为他是新人，老板只让他做一些办公室的杂事，并且让他和其他同事合作完成一些小项目。对此，他毫无怨言。老板给他的工资比一般本科生还略逊一筹，但是他依然认真地对待自己的工作。一段时间下来，全公司的人都很喜欢他。

李胜在半年后的公司业务小结上，发现软件程序上的一些错误并且上报老板。老板觉得他有能力，给他升职加薪。不久，老板发现他的程序设计能力和经营管理水平明显比其他人高出一筹，感到非常奇怪。此时，李胜拿出博士学位证书，老板先是一惊，怪自己一直对他大材小用，决定重金聘用他，让他负责公司的业务。

对于每个找工作的人来说，要选择自己感兴趣并且能胜任的工作，而不是与学历或期望值相符合的工作。因此，我们在找工作时，要把自己摆在正确的位置上。同时也应自省，找不到与自己学历相符的职位，是不是自己存在某些欠缺或求职中未能向企业全面展示自己的能力。

低姿态对于入职前三年的人特别重要。在这三年里，如果你降低要求放低姿态，不仅能帮助你顺利度过职场适应期，还能给自己营造宽松的学习环境。下一步你需要做的就是厚积薄发、后来居上了。

## 幽默是有效的黏合剂

在公司中，同事就是你的合作伙伴。没有同事配合，很多工作都无法顺利进行，因此，与同事搞好关系至关重要。同事之间若是关系融洽，很多事情将顺畅无比；要是同事间关系紧张，工作将困难重重。

因此，我们应该以幽默为媒介，使人们看到你的真诚和善意、智慧与活力，进而改善自己的人际关系，创造和谐融洽的职场氛围，推动工作顺利进行。

有一天公司业务繁忙，市场部的几个同事加班到很晚。同事甲帮女同事乙一个忙后，想活跃一下气氛，就说道："帮你这么大的忙，晚上你得请我吃夜宵啊。"同事丙听到调侃道："你们孤男寡女吃夜宵，岂不是容易引起误会？不如带上我吧。"女同事乙听后立刻认真回道："不用了，我和一个男的出去还算正常，带两个男的出去，别人对我的误会更大了。"三个人顿了一下，然后狂笑不止。

由此可见，工作中的幽默真的可以使同事的关系更加融洽。

老王一直被认为是办公室里最睿智的人。一天，大家工作都很累，小张想放松一下，就对老王说："老王，休息一会儿。我问你个问题，你知道世界上最吃亏的事是什么吗？"老王想了想，说："不知道。"小张说："就是一个人死了，他的钱还没有花光。"老王听了哈哈一笑，反问道："小张，你知道世界上最惨的事是什么吗？"小张摇头说："不知道。"老王说："就是一个人把钱花光了，他还没有死。"老王的幽默让大家当场笑翻。

在办公室里，幽默是缓解工作压力的良方，同时也是促进同事感情的媒介。

最近几天连续下雨，几个同事在一起聊天气。

一位同事问："最近怎么一直下雨呢？"老实的同事规规矩矩地回答说："是啊，好几天了，什么时候能结束啊？"这时喜欢加班的同事说："龙王爷竟然也连日加班，看来他老人家想多捞点奖金了。"喜欢关注市政的同事接着说："玉皇大帝也太不称职了，天堂的房管所坏了，都不派神仙去修，总是漏水。"这时，喜欢文学的同事接着说："嘘，你们小声点儿，别打扰玉皇大帝读长篇悲剧。"

像案例中一样，在同事之间的闲聊中加上一点幽默色彩，不仅让简单的谈话更加生动，而且让参与的人在幽默风趣的氛围中放松了心情。假如几个同事刚刚完成一项工作，疲惫不堪，这样闲聊几句，嬉笑之余也会减轻身体和心理的压力，他们就会有更多的精力去应对下面的工作了。

有时候，同事之间的幽默只是为了开心，当发现身边的同事有什么搞笑的事情，急中生智，几句诙谐的话语脱口而出，惹得其他同事哈哈大笑，这就是幽默带来的功效。办公室是一个压抑的环境，堆积如山的文件，呆板的制服，这些都会让我们感到憋闷。假如能给这样沉闷的空间吹来一丝凉风，是多么惬意的事情啊。幽默恰恰有这样的调剂作用。当我们忙完工作之后，幽默地闲谈几句，那就有效地达到了目的。

幽默不仅仅引人发笑，而且能给人们心理上带来轻松和快慰。幽默是对他人过失的原谅，是对周围环境的喜剧式调侃，也是对自我困境的一种自嘲。

## 有合适的距离，才会有恰当的美感

在应酬场合中，我们难免与异性接触，一些人因为恐惧与异性接触后传出的流言蜚语，因而避免与异性接触。其实这是完全没有必要的，只要把握好与异性之间的距离即可。虽然说距离是一种物理现象，在应酬中就是一门学问。

在如今的职场中，男女之间的工作交流很频繁，早已没有古代“男女授受不亲”的思想。若是你过分抵触，将无法在职场生存。

但是在工作中，男女过于亲密，也会引来不必要的麻烦。因此，如何掌握两性共事的尺度，就显得至关重要。

雯雯是策划部的员工，最近因为跟一位新来的同事走得太近，关于他俩的流言蜚语在公司传开了。雯雯去洗手间，听到其他部门的几个同事正在议论自己。下班后，经常和她一起走的晓宇也不等她了，还一语双关地说，“我先走了，不耽误你……”雯雯觉得自己快要疯掉了，实在想不明白为什么会传出这样的流言蜚语。

有一天，她抓住晓宇刨根问底。经过晓宇的解释，她才明白自己在什么地方做错了。

新来的同事是个责任心很强又细心的人，前一段时间因为工作很忙，雯雯和他常常在一起加班。刚开始他们的配合并不融洽，经常因意见不一致争论不休。他们经过一个月的磨合，相互取长补短，工作起来已经得心应手，配合得轻松自如。这只是正常的工作关系，同事怎么会误解呢？雯雯百思不得其解。

晓宇说：“你想想看，每天是不是他在帮你收拾办公桌，倒好茶水，那份关心谁看不见啊？还有，上次你从外地出差回来，给所有人带的都是小饰品，唯独给他带的是他最喜欢的画册，难道还不明显吗？还有……”晓宇的每个例子都非常有分量。

一语惊醒梦中人。其实收拾办公桌、倒茶是他们商量好的，谁先来谁做，可雯雯偏偏有起床困难症；那个画册也是加班时他提起的，雯雯送他很正常。其他人又没有什么特别的喜好，众口难调，买一样的最省事。雯雯没有想到，自己的随意，居然让同事编出一段“绯闻”故事。

办公室本身就是一个敏感之地，如果自己和异性同事走得太近，难免会遭人猜忌，甚至会被别有用心的人刻意编排，到时候真是有嘴也说不清了。因此，始终和异性保持一个适当的距离，对自己、对异性都有好处。

其实，在办公室中，男女搭配工作往往要比单一性别工作要愉快和谐得多。但是，异性之间又难免产生麻烦。我们应该如何同异性保持一个适当的距离呢？

1. 对异性采取大方、不轻浮的态度

这是应酬场合中与异性相处最关键的一个原则。大方、不轻浮包括在言语和行为方面，给予对方尊重，但不能轻佻、毛躁。

2. 在语言交谈上要把握分寸

男性喜欢在一些场合讲黄段子。这种黄段子在应酬场合尽量少说。特别是有女性在场的时候，很可能会被女性认为这是对她们的一种冒犯。

还需要记住的是，当你恭维异性的时候，一定要避免使用挑逗性的话语，以免让对方产生错觉。

3. 在穿衣打扮上要注意礼节

应酬场合展示的是能力和魅力。若穿着过于暴露，会引起别人反感。知性而得体的穿着，让你在应酬场合赢得更高的印象分。

4. 在动作上要注意自己的尺度

很多人在应酬场合中显得很随性，却没有顾及身边人的感受。例如，吃饭后，不顾及女性是否在场，就松皮带扣；女性同样也需要注意，不要轻易触摸男性的身体，无论有意还是无意。因为这些信息，都让对方产生误解。

不论在何种性质的应酬场合，异性之间一定要注意彼此的距离，不要越过红线。一旦跨入“雷区”，彼此都可能受到伤害。

## 听懂领导的“弦外之音”，更容易获得赏识

在职场中，有些人恐惧遇见领导，更恐惧和领导沟通。在恐惧的心理作用下，有时候领导的暗示、弦外之音，你就无法领会，当然也就不会有晋升的机会。民间有句俗话，“说话听声，锣鼓听音”。这句话的意思是说，人们很多时候想要表达的并不是他们已经说出来的话，而是另有其他的意思，需要听话者自己领会。因为中国语言博大精深，中国人的表达又比较含蓄，人们更容易混淆说话人的真实意图。在这种情况下，我们就要结合当时的情境以及交谈对象的肢体语言，尽量准确理解其真实意图。

王凯入职后，因为勤快踏实，一直深受领导喜爱。领导最近准备去美国考察，同事们都想跟随领导去美国，借此机会与领导亲密接触，给领导留下良好印象。领导想让王凯与他一起去，毕竟他与王凯投缘。但是领导也有顾虑，不能直接指名王凯。有一天，看到大家在办公室工作，领导突然灵光一闪，说："王凯，听说你英语很好啊!"王凯不假思索地回答："不好啊。我的英语很差，总是拖后腿。"这时，平日里默默无闻的李刚突然说："领导，我的英语好，八级呢。我陪您去美国吧，保证您连翻译都不用找了。"就这样，这个千载难逢的好机会就落到李刚头上。看着领导有点儿失望的样子，王凯才回味过来，不由得懊悔万分。

在这个事例中，王凯显然很实在，没有听懂领导的"弦外之音"，失去了千载难逢的好机会。不可否认，这件事对于王凯未来职业生涯的发展，都会产生一定的影响。由此可见，听不出领导"弦外之音"的后果是很严重的。

在职场上，大多数领导的"弦外之音"通常都与工作有关。因此，领导的"弦外之音"往往涉及职场上的敏感话题，诸如升职、加薪，等等。在很多情况下，领导之所以没有直截了当地表明，而采取隐晦的表达，因为领导有难处或顾忌。所以，我们一定要留心听领导说话。换言之，我们必须综合考量实际情况，极力捕捉领导的"弦外之音"，这样才能领会领导的真实意图，从而更好地完成领导交办的任务，也顺利地得到领导认可和赏识。

入职靠智商，晋升靠情商。我们只有随时弄清领导和同事的真实需要，才能在职场上游刃有余，更好地完成工作。当然，任何初入职场的新人，都不可能完全领会领导的“弦外之音”，一则是因为他们人际交往经验不足，二则是因为不了解领导。因此，职场新人必须在各种应酬场合中提升自己，培养自己的领悟能力和应变能力。

应酬

# 第六章

## 有效应对，百倍报酬

# 第六章

[illegible]

## 以你的真心，换他人的赤诚

在社会上与人交往，你只有尊重别人，才会换来别人对你的尊重。交朋友的时候，只有你够意思，别人才会对你够意思。管理者与下属也是一样，只有管理者付出真心，才能换来下属忠心。

我们知道，大多数人都有一种“你敬我一尺，我敬你一丈”的心理，所以你必须学会尊重他人。身为管理者，如果能在人性弱点上做文章，将会收到令人满意的效果。管理者要想让自己的事业蒸蒸日上，蓬勃兴旺，面对下属时一定要在“攻心”上下功夫。下功夫要虚实结合，既要唱高调，又得哼小曲儿。对于下属，仅满足他们的薪水要求是不够的，还要满足他们的精神需求，才能完全激发出他们的工作潜能。

在经济社会，激励下属干好工作要靠金钱，但下属的忠心用金钱却买不来。要在感情上投入精力和时间，让下属产生“士为知己者死”的意愿，他们才能竭尽全力为你效劳。

“人非草木，孰能无情”。作为管理者，要想让下属的工作积极性得到提高，就要选好时机对下属进行感情投资，用真心换忠心。

杨虹是一家餐厅的普通员工。一天下班时，她不小心摔倒了，挣扎着想站起来，试了几次没有成功。经理正好看到这一幕，连忙走过去扶起她，关切地问：“摔得严重吗？要不我帮你叫辆车去医院检查一下？”

杨虹感激地回答：“不用，没事的。”“你看，都摔破皮了，还是擦点药，歇会儿再走吧。”经理扶她回到餐厅，亲自给她上药，并且对她说，“如果疼得厉害，明天别来上班了，算公假”。杨虹非常感激经理，从此以后，见人就说经理好话。偶尔想偷懒的时候，想到经理对她那么好，她就立马打消这种念头。

如果管理者都能像这位经理那样，对下属给予真挚的关心，那么企业何愁不能壮大？

员工不仅需要物质上的奖励，更需要精神上的认同。员工只有在良好的工作氛围中，才会迸发出更高的工作热情。所以，在竞争日益激烈的现代社会，管理者必须对员工进行情感投资。人是情感动物，管理者对下属适时进行情感投资，往往会收到令人意想不到的效果。

“投之以桃，报之以李”，这是中国自古以来的交往之道。所谓“滴水之恩，当涌泉相报”，也是这个道理。管理者关心下属，员工就会不负众望，努力做事。所以，凡是卓越的管理者，都懂得“真心换赤诚”的道理。只有对下属给予足够的关心，才能让下属感到管理者对自己重视，因此心怀感激，从而更加努力地工作。

## 相互利用的前提是相互成全

现在的员工一般都自觉要求学习、要求进步，越来越渴望证明自己的价值。《财富》杂志曾对工作环境比较好的100家公司的员工做过一次“员工自发工作的原因”调查。员工自发工作的理由千奇百怪，如先进的技术、激动人心的工作、在同一家公司变换职位的机会、执行有挑战性的海外任务、在公司内部提升的前景、工作时间灵活并且有非常优厚的福利等。但让人感到意外的是，很少有员工提到“钱”这个因素。

其实，在我们身边就有一些不惜辞掉高薪工作的人，转而跳槽到工资较低的公司工作。为此，有关研究人员曾针对150个高级职员进行调查，调查结果显示，60％的人因为晋升的机会有限选择跳槽；25％的人因为没有得到应有的赏识选择跳槽；只有15％的人因为钱的因素。由此看来，现在的员工越来越重视能否体现自身的价值。

员工注重个人的价值，不愿意做没有挑战性的工作。作为管理者，不要认为你和员工只是雇佣关系，那样的话，员工的积极性将无法得到充分调动，更谈不上激发员工的潜能。如果管理者把这两者的关系当成是互惠互利互相成全的关系，情况就大不一样了。企业作为员工施展才能的平台，管理者理应给予员工最大的信任和支持。员工只有在工作中充分发挥才能，企业才具有强大的生命力。

在康柏公司，当员工准备转投其他公司的时候，公司不会为了挽留而开出加薪的条件，因为他们知道金钱并不能真正唤回员工对工作的渴望和热情。同样，有人参加康柏公司招聘会时，招聘者会问他们“希望公司能给你什么”。康柏公司想告诉应聘者，你在康柏公司不仅能得到金钱，还能得到前途和发展。这些“隐性利益”正是员工想要的。“隐性利益”就像职业发展的“利息”一样，比薪资更具价值，更能激发员工为企业创造价值的愿望。

如果我们把一个组织看成是由人组成的团队，团体里的人互相信赖，相互理解和支持，都有机会发展，那么，这个团队会不断发展壮大的。

优秀的管理者都知道员工最需要什么。戴尔公司认为，把公司的经营目标与员工的奋斗目标相结合，是对他们产生很大鼓舞效果的方法。但更重要的是，必须想方设法把“公司发展前景”的观念灌输给员工，并进一步提升他们的才能，使他们发挥出自身的全部潜力。为此，就要提高员工的价值和能力。

平日里，戴尔公司会提出各种问题引导员工进行独立思考和学习。比如，如何才能让你在戴尔公司的工作变得更轻松、更有意义、更有价值？如何了解顾客的喜好？什么是他们需要的？他们希望看到我们有什么样的进步，我们要如何改进？戴尔公司提出大量类似的问题供员工探讨，并且非常认真地聆听员工的意见。戴尔公司不管在营运检讨、业务现状报告或小组讨论等会议上，都会花很多时间提出问题。他们提出的问题，在现在看来都是非常有意义的。戴尔公司鼓励员工保持好奇心，因为没有任何一本操作手册可以提供让你最满意的答案。

在戴尔公司，员工通过积极思考、分析，在潜意识中已将自己当成公司的主人，所有的付出都是自动自发、心甘情愿的。

可见，真正意义的人才，注重自己的能力能否不断提高，是否有成长的机会，以及自己的发展目标是否与企业经营理念紧密相关，即对企业有无认同感。要想留住真正的人才，让其拥有发展的空间，就得靠成就感“攻心”。我们可以把留住人才当作一项系统工程，贯穿于企业的工作安排、内部晋升、员工培训、参与管理及职业发展计划等过程中。

如同“授人以鱼，不如授人以渔”的道理一样简单，每个人都渴望进步，没有什么比成就感更令人欢欣鼓舞的了。所以，让员工将企业提供给他的那份工作当作自己的事业，他必能自动自发地工作，最终的结果将是双赢的。

## 批评，要讲理，更要讲方式

在忙碌的工作中，出于各种原因，下属犯一些错误是在所难免的事情。对于管理者来说，在员工出现工作失误之后，有必要对其进行批评指正。不同的管理者批评员工的方式是不同的，因此产生的效果也是不同的。这里面有不同管理者对管理手段的不同理解。不管管理者的批评方式有什么区别，让接受批评的员工能从心里接受批评并愿意改进，才是最成功的管理手段。

我们不能否认的是，对犯错误的员工进行大声呵斥往往不起作用。如果能幽默轻松地让员工认识到自己存在需要改进的地方，那么既能改正员工的错误，又能使管理者和员工的关系和谐融洽。对于一个睿智的管理者来说，何乐而不为呢？

可见，管理者在批评员工时，如果在言语中夹带一些幽默，淡化一些责备的意味，可以达到既照顾员工的自尊心，又使员工自我反省后力求改正的目的。

有一次，张震将军在视察某部队的时候，召集了校、尉等军官十余人座谈。会上，张震将军问这些军官："一个普通战士的津贴是多少？"在座的军官竟然没有一个人知道。

张震将军看在眼里，气在心里。不过他没有直接批评这些军官，而是给他们讲了一个故事。他说：“民国时期，有个叫张宗昌的军阀，人称‘三不知将军’。他一不知自己有多少兵，二不知自己有多少枪，三不知道自己有多少个小老婆。”

虽然张震将军没有直接批评，但是在座的军官听到他讲的故事之后，都羞愧地低下头。

张震将军通过类比的方法，对下属进行的批评可谓入木三分。更巧妙的是，他在批评的同时还给这些军官留了一定的面子。

德国学者雷曼麦说：“用幽默的方式讲严肃的道理，比直截了当地提出更能让人接受。”幽默是一门“笑”的艺术，它能含蓄、委婉、温和地批评某人某事而又不使人生气。

管理者对员工提出批评不能是随意而为的，恰当使用带有幽默元素的批评会显得温馨而易于让员工接受，这不但能让员工认识到自己的问题，还可以对其产生积极的激励作用。

通常来讲，当你批评员工时，他的情绪波动是很大的。“你呀你，是怎么搞的，我不是早就告诉你了吗？你还……”每个人都有自尊心，成年后更觉得面子很重要。也许你只是苦口婆心地劝导他，并无恶意，但如果你在无形中伤了他的自尊心，让他觉得脸上挂不住，索性产生了“破罐子破摔”的心理，那你的批评岂不是得不偿失？如果你在适度的批评之后再幽默一番，相信对他更能产生警示作用。一方面，员工会因为你“点到而止”感谢你；另一方面，也显示出你宽广的胸怀。

幽默的批评可以让员工轻松领会管理者的意图，从而积极改正错误。作为管理者，如果你能将对下属的批评很好地融入开玩笑式的幽默之中，那么，既能达到批评员工的目的，又能让员工明白你用幽默处理此事的深意。这样的管理者无疑会和员工相处得非常融洽，从而使上下级的关系更为和谐。

管理者要学会欣赏员工的优点，这样会更容易赢得员工的拥护。作为管理者，如果你在批评员工的时候能把员工的一些优点以幽默的方式结合在一起，则会起到更好的效果，也更容易让上下级关系更进一步，对其工作的改进有很好的帮助。

可见，管理者对员工的幽默式批评不只是一种方法，更是促进上下级关系融洽的艺术。

管理者若想缓解员工的抵触情绪，就必须运用幽默的力量。当然，任何批评都必须是严肃的，这样才有效。作为管理者，即使运用幽默方式批评下属，也必须注意以下几点：

1. 从事实出发，不妄加批评

任何批评，都不能是妄加揣测的。没有事实根据，让员工蒙冤，只会让员工再次受到伤害，还会令其对你失去信任。

2. 批评最好单独进行

很多管理者在批评员工时，为了让员工吸取教训，或是为了树立自己的权威，往往会选择一些正规、严肃的场合，用比较严厉的语气和表情进行。其实批语、批评与责备有很多讲究，对不同的对象要采取不同的方式，也要选择不同的时机。

如果几个领导一起批评，那就成批斗会了，会让员工感到无地自容，甚至会打击其自信心、自尊心。如果能在办公室单独进行，即使其他人知道，员工至少会有一种这样的感激心理：“领导想得周全，知道照顾我的面子。”

3. 对事不对人

管理者可以批评员工的错误，但千万不要批评员工的人品，这样做也是为了防止让员工认为管理者对他有成见。“对事不对人”，不但能帮助员工客观地认识到自己所犯的错误，并对管理者心服口服，更能在公司内部形成一个公平竞争的氛围，使员工不会产生为了自己的利益而构陷其他员工。

4. 注意补救

当管理者发现员工产生不满情绪时，一定要尽快找员工谈话，消除他的误解；如果员工还没有认识到自己的错误，你就应该帮助他认真分析犯错的原因和解决问题的办法，而不应该再进行批评。

5. 营造氛围

管理者在批评员工时应尽可能地营造轻松一点的氛围。比如，可以从聊家常的方式开始，也可以从关心、问候员工家人开始，这都能让批评具有人情味，也能体现你的关心。

总之，批评是一种艺术。作为管理者，如果你能以幽默的方式责备员工，那是最好不过了。在玩笑中提醒员工，也在玩笑中告诉员工某些地方需要认真改正。如果能在私下里进行，而不是当着许多员工的面，那就更好了。

## 有效沟通，众人划桨开大船

企业管理其实就是对员工的管理。这是因为，企业所有制度或决策都必须通过员工执行和落实，所以，企业管理者的难题往往并不是制定决策，而是决策落实得好坏。

企业管理者的决策在落实的过程中，其实最重要的环节就是人与人之间的沟通，而沟通又分为有效沟通与无效沟通。表面上看，可能双方针对某件事情进行交流，实际上却没有融入彼此之间的情感与需要，所以这样的沟通是无效的。而有效的沟通可以及时将人与人之间的需要、信息进行交换，增进彼此之间的情感与满足彼此的需要，从而有助于双方形成一种信任关系。

有效沟通对于企业管理者而言是十分重要的，因为它有助于企业管理者带动员工形成良好风气。这是由管理者的身份决定的，因为无论在企业或组织里，作为管理者总是有一定的带头示范作用，这就要求管理者要主动与员工进行有效沟通，从而满足双方真实的需要，进而促使上下团结，为打造一支团结的队伍奠定基础。只有团结的队伍，才能成为所向披靡的战斗团队。

德鲁克的管理理论对通用电气前CEO韦尔奇的影响很深。在他就任通用电气董事长期间，十分注重管理者与员工之间的关系。

为了搞好彼此之间的关系，他无论每天工作有多忙，都要抽出时间与员工交流。即使出差在外，他也会通过电话等其他方式与员工进行沟通。他认为，一名企业管理者，必须努力深入每个员工的内心，让他们感觉到管理者对他们的关心与重视，才能够充分调动员工的工作积极性。在他的这种管理模式之下，每天除了处理一些必要的公司事务，他经常会深入各个部门，使得他能及时了解到在通用电气大裁员过程中出现的某些失误，并及时纠正过来。

韦尔奇最初执掌通用电气的几年间，对企业实施大幅度裁员措施，裁减近1/4的员工，致使超过10万名员工失业，并且撤换了一些中高层领导。但这一系列举措却丝毫没有影响员工之间的团结，反而由于韦尔奇通过完善用人制度，并从底层提拔一批优秀员工作为企业的中坚力量，重塑员工的价值观和人生观，使得员工的价值观和通用电气的价值观高度统一，从而有效地提高了员工的向心力，为通用电气成为行业霸主打下坚实基础。

韦尔奇执掌通用电气初期，公司的年销售额是250亿美元，盈利为15亿美元，其市值在美国所有上市公司中排名第十位。可是，经过韦尔奇数年推行目标化管理的改革，到1999年，通用电气的年销售额达到1110亿美元，全球排名第五位；净利润达到107亿美元，跃居全球第一位；公司市值排在全球第二位。

德鲁克认为，企业的业绩直接反映出管理者的管理水平。韦尔奇正是用事实验证了德鲁克的理论——在韦尔奇的带领下，通用电气以全球第二的市值水平获得全球第一的净利润，意味着韦尔奇用少量的投资赚到了更多的钱。在韦尔奇的管理下，通用电气的盈利能力有了大幅提高，这不能不说是韦尔奇的管理很有效。不容忽视的一点是，在韦尔奇的管理下，虽然通用电气的资金投入加大，公司的部门与员工减少，但员工之间却更加团结了。无疑，正是如此才有了通用电气的高盈利。正如德鲁克所说："组织的目的是使平凡的人做出不平凡的事。"

韦尔奇用他一生的实践再次证明了德鲁克的理论，而在实践德鲁克管理理论的同时，韦尔奇也有了自己独到的见解和对德鲁克理论的延伸。他认为，在一个企业里，一定会有20%左右的员工持有积极向上态度，有70%的员工处于中间状态，有10%的员工态度懒散。在韦尔奇看来，这是一个处于动态变化的曲线，即其中每部分的员工人数都是不断变化的。作为管理者，他要做的是，如何才能将10%态度较差的员工变为中间状态，将70%中间状态的员工变为积极向上的，10%状态最好的员工得到奖励或是提升。

韦尔奇用他一生的实践很好地诠释了"团结就是力量"的含义，而在全球很多好企业中，这样的例子可以说比比皆是。管理之父德鲁克虽然在他的著作《卓有成效的管理者》中反复强调，要想成为一名卓有成效的管理者，就必须注重员工的团结，但他并没有为管理者提供具体的方法。因为他认为，每个人的思维方式有所不同，那么他为了搞好企业内部的团结所采取的方式，并不一定非要按着固有模式进行。无论运用什么方式，只要能达到企业内部高度团结的目的，就能激发员工的潜力，打造出一支空前团结的团队。

## 温度决定高度

相信很多管理者都有过这样的经历。当管理者偶然给员工一个微笑、一句称赞、一个贴心的问候，员工会立刻显得斗志昂扬、激情四射，并全身心地投入到工作当中。这是为什么呢？管理者对于员工的任何奖赏，不论大小都能让员工感受到肯定性的激励。因为在一个看似不起眼的微笑、一句体恤与赞扬中，让受表扬的员工见到了自己工作的价值，以及自己在企业中的重要性。他们觉得自己的工作，不是简单地用劳动交易薪水，而是为自己工作。

作为管理者，你不能仅仅将自己定位在管理角色层面上，而应该是团队的核心、让所有人都信服的人。要做到这些，你就千万不能吝啬对员工的关怀与奖赏。因为在企业当中，任何管理者都不能只将目光盯在员工的工作上，而应该集中在员工和企业的长远发展上。管理者的关怀与奖赏会让员工获得认同感，能激发员工的工作热情，使得他们能够将工作做得更好，从而减少各种失误。

在当代职场中，很多管理者奉行赤裸裸的雇佣关系。企业花钱雇用员工，员工就得按照企业的要求工作，企业按照与员工签订的合同或者双方约定处理与员工的关系。也就是说，企业与员工之间的关系非常简单和纯粹，就是交易关系。员工为企业工作，企业支付员工薪水，企业获取员工的所有工作成果并将之转化为收益。这和与市场上陌生人之间进行买卖没有多大区别。这种情形下，员工与员工常常形同陌路，员工与管理者也没有感情，大家都清楚彼此之间只是一种简单的利用关系。这种缺乏人情味的关系使员工对企业没有任何归属感和依恋感。员工会觉得工作只不过是谋生。一旦企业不能满足员工的需要，他们就会毫不犹豫地转投他家。

但是，员工工作不仅为了薪水，在得到物质财富的同时，他们更需要满足精神需求。如果一个企业缺乏良好的工作氛围，员工就会感到失落，自己的精神需求就得不到满足。在这种情况下，他们对企业也就失去认同感和归属感，跳槽成了他们的重要选择。

企业需要对员工进行情感投资，需要改善管理方式，建立人性化的管理模式。具体说来，管理者应当重视员工的精神需求，给予员工更多的关怀和帮助。应当鼓励员工之间交往，帮助他们建立起信任和互助的关系。这是强化组织内部凝聚力的一种重要方式，也是提高员工素质、建立学习型团队的重要步骤。没有员工之间的信任和配合，团队就不可能高效、顺畅地运转。管理者除了在规章制度上为员工之间以及员工与管理者之间创造宽松的交流环境外，还应主动采取一些措施增进员工之间、员工与管理者之间的感情。如举办各种户外活动、一些趣味比赛，也可以邀请员工到家里做客，等等。

企业只有对员工加大情感投资，才能留住员工的心，进而留住员工的人。

英国有家先锋软件公司，为世界各国银行系统提供软件工程服务。该公司在里贝特的领导下，不到3年就将利润从800万英镑提高到3000多万英镑，同时员工离职率也从初期的30%降到4%。现在，公司员工达到1800多人。其成功的原因，就在于里贝特的新管理战略。如果有新员工进入公司，会在第一天收到公司赠送的鲜花和贺卡，欢迎他成为公司的一员。公司举办的年度表彰大会和庆祝大会，员工都可以携家属一同参加。只要家里有急事，家属可以自由进出公司的办公室。公司还为经常出差的员工提供礼物。当其出差次数积累到一定数量，经理会亲自出面向其颁发礼物并表示感谢，感谢他为公司做出的贡献和牺牲。如果员工需要出席孩子所在学校举办的活动，可以提前下班。这一系列举措赢得了员工的忠诚，员工的工作效率和创新精神明显比竞争对手要好，使得公司业绩一直保持快速增长。

先锋软件公司的例子说明，对员工进行情感投资，实施人性化管理，可以增强团队的战斗力。在一个由情感维系的良好人际关系的团队中，成员彼此更愿意相互帮助、共同努力，进而可以最大限度地减少团队内部的矛盾和摩擦；另一方面也有利于团队内部相互学习、共同成长，有利于解决问题和提高管理水平。这正是团队拥有强大战斗力的源泉。

如何才能有效地进行情感投资，更好地实施人性化管理呢？

1. 关注员工的福利

企业为员工提供良好的福利，可以让员工感受到企业对自己的负责和关心，让员工摆脱后顾之忧。在生存得到保障的企业，员工自然能减少忧虑，更轻松、更有激情地工作。同时，良好的福利还能加深员工对企业的感情，使双方不再是简单的利用和雇佣关系，而是利益共同体。

2. 关注员工的健康

员工的健康不仅是员工的财富，也是企业的财富，身心健康的员工才能焕发出高昂的斗志。同时，身心健康才能保障员工长期为企业发展做贡献，企业才能留住这些优秀的员工；那些忽视员工健康的行为都是短视且有害的，只能将优秀员工赶出企业。

3. 建立充满关怀的企业文化

员工是企业的成员，同时也是一个自由人，有自己的生活。员工的生活状况无疑会影响工作质量。因而，管理者如果希望员工全身心地投入工作中，就应当积极关心员工的生活，必要时帮助他们解决一些生活上的问题，并在制度上为他们提供便利。只有这样，员工才能更好地处理生活上的事情，以最好的状态从事工作。管理者如果仅从自身利益出发，不考虑员工的个人情况，对员工的生活不管不问，实施硬性化管理制度，就无法帮助员工处理好生活和工作的关系，只能加剧员工的逆反心理。试想，一个对公司充满厌恶的员工，还有心思做好自己的工作吗？

## 己所不欲，勿施于人

作为管理者，一定要具有良好的品格。如果管理者没有良好的品格，即便他才华横溢、业务能力强，也无法成为优秀的管理者，更无法领导一个企业前行。

具有这种优秀品格的管理者要求员工一丝不苟，也严格要求自己；他建立高标准，期望员工能够始终维护高标准；他只考虑怎么做才正确，绝不因人而异。所以，这种管理者也许冷酷、不讨人喜欢、要求严苛，但是他能培养出很多人才，使员工终身受益。这种管理者才是最有魅力的。

海尔的张瑞敏曾说过："管理者要是坐下，员工就躺下了。"优良的示范是最好的说服。以身作则的目的，就是通过管理者的示范作用，让员工完全遵守公司的规章制度。

2007 年，温州商界邀请柳传志参加商业交流会。可是，在交流会开幕的前一天，温州突降暴雨，柳传志乘坐的飞机只好在上海降落。当时温州商界的负责人对柳传志说："您明早再乘机前往交流会现场吧。这样的天气出行太危险了！"但是，柳传志担心明天飞机会再次延误，便自己做主，找到一辆车，连夜赶往温州。

第二天早上6点，柳传志到达温州，并按时出现在会场。温州商界的负责人被柳传志的行为深深感动了。

事后，很多采访者都向柳传志询问此事，柳传志却笑着答道："诚实守信是联想的文化底蕴，谁都不能破坏它。作为联想的领导者，我只有率先做出表率，我的员工才知道该怎么做。"

在第九届中国企业"未来之星"年会上，柳传志说道："以身作则是说服他人的唯一途径。因此，企业领导者只有以身作则，才能管住员工。"

在联想集团，柳传志曾明确规定："员工的子女通通不允许进入联想集团工作。"

柳传志为什么会做出这样看似不近人情的规定呢？他解释道："如今身居联想集团高位的领导者，他们的子女中有80%以上学的专业都和计算机有关。如果把这些人安排到公司里，那么家和企业就真的无法有效区分了。"

为了服众，柳传志率先做出表率。他不仅没有让自己的子女到联想集团工作，对自己的亲戚也是如此要求。

在柳传志的影响下，联想集团管理层都打消了引荐子女入职的念头。

企业领导者的表率作用是非常大的。如果高层领导做出破坏制度和规定的事情，就会给员工犯错找到绝好的借口。这样一来，企业的内部管理很可能就会陷入混乱。

罗曼·罗兰曾说过："人要提高自我修养，必须通过自我反思。

只有懂得自我反思的人才有资格去影响别人。”

这个道理同样适用于企业领导者。企业领导者只有先管好自己，才能影响员工。如果领导者放纵自己，做事随心所欲，那么员工也会随性而为，这显然是不利于企业发展的。

英国有一句谚语：“好人的榜样是看得见的哲理。”一个优秀的榜样，能为其他人树立学习的典范，就像茫茫大海中的灯塔，为轮船指明前进的方向，使其不至于迷失大海中。同样，管理者如果不能以身作则，为下属树立良好的榜样，往往会导致“上梁不正下梁歪”，使企业走向衰败。所以，管理者首先应该做好自我管理。

管理者的品格也许多样，但一定要优秀。这样的管理者才能成为员工的标杆，才能对员工具有一种无法抗拒的魅力。

1994 年秋天，英特尔公司已是年营业收入上百亿美元的全球最大芯片供应商。此时英特尔公司研发的最新一代“奔腾”处理器，已经到了投放市场的时候。由于市场一致看好英特尔新一代处理器，加上密集的宣传，以致英特尔公司股价暴涨。就在英特尔公司的管理者为股价飙升欢呼雀跃的时候，有关“奔腾”处理器浮点运算有瑕疵的传闻出现在互联网上。最初英特尔公司的高级主管（包括格罗夫在内）并不是很在意。虽然芯片存在瑕疵，但并没有传闻中那么严重。格罗夫认为，每 90 亿次运算才会出现一次四舍五入误差。也就是说，要用 27000 年才可能发生问题。

正是格罗夫的这种不负责任，这件小事竟成了各大媒体争相报道的要闻。《纽约时报》用头版刊登，引发大多数消费者不满，投诉电话排山倒海般而来，简直要轰垮英特尔公司办公大厦。

在媒体和消费者的压力下，格罗夫只好承认奔腾处理器确实存在瑕疵，但他认为那并不是大问题，于是他写了一份洗刷宣言上传网上，详细说明奔腾处理器的微小瑕疵并不会对产品质量带来多大的影响。格罗夫的这种行为激怒了消费者，他们怒气冲天地要求退换芯片。同时，正是英特尔公司的这种不负责任行为，IBM公司决定停止出售配有奔腾芯片的电脑，这对英特尔犹如晴天霹雳。此时，格罗夫才意识到，只有实事求是、有错就改才能化解公司的危机。于是英特尔公司立即宣布全部召回产品，回收更换数十万芯片，这才渡过重大危机。

诚实是管理者最优秀的品格之一，一个对市场、对员工不讲诚信的管理者只会受到市场、员工的抛弃。

有能力的人很多，但是能成为领导者的人却很少，因为如果缺乏良好的品格，即使他的能力再强，人们对他的印象也会大打折扣，他的威信和影响力也会受到影响。所以德鲁克再三强调，领导魅力来源于工作能力和个人品格。

应酬

# 第七章

## 商场应酬六大注意事项

## 常见面胜过见面长

在以往的应酬中，人们往往愿意接触熟悉的人，愿意和熟悉的人打交道。在商场的应酬中，我们和很多客户都是第一次打交道，与很多客户只是合作关系，因此不愿意去应酬，甚至恐惧和客户见面，这就造成我们和客户的关系越来越淡，谈成生意的概率也逐渐下降。

有人认为拉长谈话时间，与对方进行深度交流，会加深彼此的熟悉度。实际上，要想与对方更加熟悉，增加见面的频率要比拉长谈话时间更有效。

这是因为，经常出现在你眼前的人要比出现次数少的人留给你的印象更深刻。这就是见面时间长不如常见面的原因，也就是心理学上所说的“多看效应”。

所以，经常与对方见面，他就会更了解你，继而可能更喜欢你。

周晓晨刚入职一家公司做业务员，对业务还不太熟悉。一位前辈告诉他：“你制订一份计划，每天坚持拜访五位客户，这样一个月就能拜访一百多位客户。坚持两个月后，你就什么都明白了。”

周晓晨问："为什么要这样做呢？两个月之后我又能明白什么呢？"

前辈严厉地回答："不要问我为什么，原因以及感悟，两个月后你就能在销售实践中体会到。如果你想成为优秀销售员，就按照我说的去做吧。"

周晓晨尽管有些不理解，但还是用心地拜访客户。两个月后，他终于有所体会。

谁都知道，搞定对方的领导才能拿到订单。但是，周晓晨发现领导一般都很忙，没时间与他闲聊。大多数推销员，只要见领导有时间，便会紧抓不放，与之长谈。这样会耽误领导的时间，容易引起他们反感，结果只能导致失败。

周晓晨使用的策略，是"常见面胜过见面长"。他每天都去拜访潜在客户，有时会帮对方做点杂务，有时与之闲聊几句。如果对方很忙，他就知趣地离开。一年后，由于拜访的客户多了，他也掌握了谈生意的技巧。同样，客户见到他的次数多了，对他也就熟悉了，信任了。于是，他签下的订单自然就多了。现在，他的业务能力远远地超过了同事。

周晓晨通过频繁拜访客户，不仅认识了客户，掌握了销售策略，同时也扩大了他在客户面前的影响。再加上他很聪明，能不时地帮助客户做事，也不给客户添麻烦，所以客户最终都选择与他合作。

此外，销售人员如果性格开朗、乐于助人、人缘好，也容易给客户留下好印象。可见，要想与客户建立良好的关系，平时要多“出现”在他们的生活里。比如，节假日的时候，天气有变化的时候，可以发微信问候一下对方。对方有空时，也可以请他们出来坐坐，吃顿饭，喝喝茶或咖啡，以此来建立感情。

在应酬中，一个人可能具备很多优势。比如，你长得漂亮，你很聪明，你与客户见一面就可能吸引他。也许你觉得这就足够了，事实上，只有经常出现在客户面前，你才能成为真正的赢家。

亲戚朋友之间也是如此。你多与他们往来，就能加深彼此的感情，否则就会慢慢疏远。我们常说“远亲不如近邻”，就是因为我们与亲戚不常见面，感情可能不如经常见面的邻居深厚。

俗话说：“脸熟胜过送礼。”每次相见，每次交流，都会使双方关系更近一步，感情更深一层。你要想与他人建立良好关系，就得与他人常联系、常见面、常沟通。

朱容青和汪萍同为学生会干部。朱容青活泼开朗，平时爱说爱笑，很会交际，所以人缘很好。汪萍性格内向，平时做事比较独立，比较自我，不太善于与人交际。

朱容青没事时就喜欢串宿舍，与系里的大多数同学混得很熟。这样既有利于他顺利开展学生会工作，又能建立稳固的人际关系。

汪萍则很少花时间维护同学关系，很多同学甚至不知道她是谁。

毕业的时候，学校给学生会一个留校名额，但需要同学们投票表决。汪萍这时才想起同学的重要性，于是又给同学买东西，又给老师送礼品。相反，朱容青却表现得很淡定。

结果可想而知，朱容青得到了留校的机会。这都是他平时常与同学联系、见面，保持熟络的结果。

我们平时就要与别人常来往，而不要等到有求于人时再去拜访他们。感情发展到一定程度，就算你不求他们，他们也会想着帮你。

在节假日，我们要主动去他们家里拜访，为他们送上特别的礼物。有时礼物是否合他们的心意，也决定你留给他们的印象如何。所以，送礼物之前，你要先了解他们的喜好，做到投其所好。

我们也可以在节假日邀请他们一起去旅行，旅行地最好选择他们向往的地方——这样才能保证旅行的质量，加深你们的感情。

此外，他们遇到了困难，我们要热情地给予帮助。这样，当我们遇到难处，他们就会帮助我们。

总之，常见面是促进双方感情的最佳途径。切记，常见面胜过见面长。

## 培养良好关系，从“心”开始

一般来讲，我们所说的“关系”指的就是人际关系，而人际关系属于社会学范畴。例如亲属关系、同学关系、师徒关系等。

熟人社会讲究人情，彼此好面子。这就提醒我们在与人交往的时候，要学会培养关系。那么，如何培养关系呢？这里面的学问很深。

从前有个姓王的状元，他穷困潦倒的时候，根本没有人愿意和他来往。后来，他中了状元，不少人就来到状元府，和他攀关系。

这天，来了四个人，自称是王状元的族人，与他同宗共祖。

第一个人姓汪。守门官抽出宝剑一拦："状元姓王你姓汪，攀什么家门？"姓汪的说："大人，我是水边'王'，现在准备搬家，不住在水边上，当然是一家。"守门官一听，这是哪跟哪啊，就把姓汪的赶走了。

第二个人姓匡。守门官问："状元姓王，你姓匡，攀什么家门？"姓匡的说："我和状元同住一个坑子，因为涨了大水，坑子溃口，我就成了破坑子'王'。状元是逃水荒跑出破坑子的，我们从此分手，现在族人重逢，请您高抬贵手。"守门官一听，这是哪跟哪啊，把姓匡的也赶走了。

第三个人姓黄。守门官说："一个姓黄，一个姓王，这不是狗扯羊腿乱拉吗？"姓黄的说："黄王两姓，分字不分音，诗词歌赋同一韵，五百年前一家人。"守门官一听，这又是哪跟哪啊，把姓黄的也赶走了。

第四个人姓田。守门官大发脾气："你呀你，姓田的怎么都扯不到姓王的头上呀！"姓田的说："怎么扯不到？我比他们好扯得多，只要把两块脸不要，你说我是不是姓王呢？"结果当然是一样的，姓田的也被守门官赶走了。

从表面上看，这是一则很荒唐的笑话。然而，一笑之后，却有很多值得我们深思的东西。汪、匡、黄、田四个人与状元本来是八竿子打不着的陌生人。他们在私利的驱使下恬不知耻地与状元拉关系。当然，从逐利的角度来讲，他们的出发点也许没错，然而他们败就败在太笨、太傻、太蠢。如果他们能揣摩透状元的心理，换种思路，踏踏实实地找一些自己与状元可信的关系，以此为突破口，即使是八竿子打不着的人，说不定也会成功。所以，我们在培养关系的时候，一定要吸取这些教训。

其实，在人际交往的过程中，很多事情，与其说是知识和能力的博弈，不如说是心理的博弈；与其说是技巧和方法的博弈，不如说是心理的博弈。也就是说，我们在建立良好人际关系的过程中要懂一点心理学知识，懂一点心理策略，不能单纯地去“说”或者“做”，要用“心”，要学会抓住一切可利用的时机巧妙地培养，这样才能有的放矢，百发百中。

## 收送名片的学问

很多人对名片有一种误解，觉得谈生意时才需要交换名片，其实名片已经成为一种社交工具。一张小小的名片可以将主人的信息展现出来，甚至还可以从中看出一个人或一个企业的文化。

名片在商务应酬中频繁使用，它是一个人社会身份的说明书。特别是在商务活动中，交换名片是相当普遍的事情。但是，很多人并不太清楚怎样对待客户的名片。

李子睿是一家公司销售部的员工，他刚入职的时候，就因为对名片不够了解而吃了大亏。

有一天，李子睿打算拜访一位新客户，约好在一家咖啡厅见面。在此之前，他做了大量的准备工作。

见面后，李子睿递上自己的名片。出于礼貌，客户也回赠一张名片。李子睿接过名片后，看都没看就放进口袋，因为他急于向客户介绍产品。

李子睿没有意识到自己对待客户名片的态度有什么不对，结果让客户心生不满，仅仅听了几分钟后，就推脱说有事匆匆离去。即使后来李子睿一再联系客户，客户也不再理会他。

这是因为，李子睿对待客户名片的态度让客户甚为不满——要知道，名片代表着对方的身份，你不尊重名片就是不尊重客户。

所以，作为职场人，我们有必要掌握名片礼仪。对待客户的名片一定要慎重，不能随随便便地装入口袋。

如果交流的双方对彼此都比较了解，不用见面就急着给对方名片，可以直接进行交谈，在交谈结束后再给对方名片。如果你还要在这里待一段时间，就应在名片上写上你的暂住地址及联系方式，以便对方与你联系。如果有第三人在场，你应该在对方向你介绍第三人后再递名片，也可以在交谈后交换名片。

递名片的时候，要说几句请别人关照的客套话。如果对方递名片，你应该恭敬地用双手接过，并认真看一看，同时说一些恭维对方的好话。然后，将对方的名片放进你的公文包里。不能看都不看就装进口袋，这是非常不尊重人的一种表现。

特别是在商务应酬场合，如果你去迎接客户，你们又是第一次见面，这时客户应该先主动给你递名片。相反，当你去拜访客户时，你应该先递名片。

那么，具体到递交和接受名片上，我们应该在哪些方面注意呢?

一、向别人递交自己的名片

向别人递交自己的名片时，态度要恭敬，动作上应该有礼貌。一般情况下，有三种递交名片方法：

1. 双手的食指和大拇指分别夹住名片左右两端，礼貌地将名片送上。名片的正面要对着对方，以表示对对方的尊重，使对方接到名片时方便去看，不必再倒转。

2. 将食指做弯曲状，与大拇指一起夹起名片，恭敬送上。同样，名片的正面要对着对方；

3. 除拇指外，其他四指并拢，将名片放在手掌中心，并用大拇指夹住名片的一角，恭敬地送到对方面前。同样，名片的正面要对着对方。

这是正确递交名片的方法，一定要注意。此外，递名片时不能用一只手随便递过去，这是不礼貌的，要忌讳。递名片时，用食指和中指夹着名片递过去，是极其不礼貌的，就像拿手指指对方一样。因为，随意用手指指人是对人的不尊重，同时还有挑衅的意味，会让人反感。

大家不要以为递名片是区区小事，对此不以为然，因为它会直接影响你与别人的交流结果。

二、接受别人送过来的名片

名片代表一个人的身份，所以接受别人名片时一定不可傲慢无礼，否则就是对别人的不尊重。通常，我们要注意以下几点：

1. 用双手接受别人的名片。如果手里拿着东西，应该先把东西放到一边。实在腾不出两只手，就要向别人说声抱歉。

2. 如果你一次性接到多张名片，一定要对号入座，不能叫错别人的名字，那样很尴尬。

3. 有时对方会忘记给你名片，而你又很想得到，这时应该开口向对方索要。这会让你赢得对方的好感，因为你的行为恰恰表示你对对方的关注。

## 巧妙利用彼此的共同之处

在商场应酬中，人们往往抱着这样一种心理，即：对于与自己有相同之处的人，更乐于接近。很多人恐惧商场中的应酬，就是因为无法找到和对方的相同之处，导致无话可谈，使双方都很尴尬。

因此，在商场应酬中，寻找并利用与对方的共同之处，是拉近彼此距离的捷径，也是最有效的方法。这是因为，这些共同之处会使我们与对方有共同话题，因此他会更信赖你，更亲近你。

此外，因为彼此有共同之处，对方很可能还会与你成为无话不谈的朋友。

杨莉是一家建筑公司的老板，也是商场应酬高手。有一次，她的公司打算参加一个工程项目的招标会。通过朋友，她打听到负责这个项目的王先生。于是，她就一次次拜访王先生，然而每次都吃了闭门羹。

杨莉信佛，有一次去寺里上香时，正好看到王先生也在拜佛。经过打听，得知他也信佛。

一次，杨莉得知另一位想参加竞标的刘老板请王先生吃饭，正在赶往饭店的路上，她便带着助理以最快的速度赶到饭店。

到达饭店大堂，杨莉佯装也是来吃饭的，于是制造了与王先生和刘老板的“偶遇”。她谎称自己没有订到位子，希望能与王先生和刘老板共进午餐。他们没有拒绝她的请求。

上菜后，由于刘老板点了很多荤菜，王先生迟迟没有动筷子。这时，杨莉说：“刘老板的盛情我心领了，可是我信佛，初一、十五要吃斋。今天是十五，实在不能破戒呀。”

王先生听后很惊喜，忙问：“杨老板也信佛吗？真是缘分呀。”

杨莉把手腕上的佛珠露出来：“家母信佛，受她影响，我也信佛。”

因为饭店不允许无故退菜，杨莉说：“王先生，我知道有一家素食斋不错，我在那里有熟人，要不您跟我一起去吧。”

王先生当然乐意前往，便欣然答应。

刘老板这时才意识到，原来杨莉早有准备。现在王先生去意已决，他只能吃哑巴亏了。

因为都信佛，杨莉与王先生在素食斋谈得很投机，关系也拉近了许多。后来，但凡是杨莉的邀请，王先生都没有拒绝过。最终，杨莉的公司在招标会上竞标成功。

正是因为杨莉发现了自己与王先生的共同之处，并加以利用，才得到了王先生的信赖，从而达到了自己的目的。可见，与人交往时，当你使用“共同之处”的技巧后，会很容易与对方拉近距离，得到意想不到的效果。

对对方来说，一旦看到你与他有共同之处，他就会愿意跟你交流，你们可能会在很短的时间内成为朋友，甚至是知己。因为，你们在交流中会产生情感共鸣。

但是，如果你与对方没有共同之处怎么办呢？

其实，所谓的共同之处，是可以“制造”出来的。

也就是说，当对方把你看成“自己人”的时候，为了这份情感，你应该让自己与他有共同之处——这样你才不会枉费对方对你的信任。

但是，你最好不要做得太牵强，而要让对方意识到你与他的共同之处是自然的巧合。这样一来，你们对共同之处的探讨才是有价值的，才能让对方看到你的内涵与底蕴。在共同之处上，你独特的魅力也许还能深深地吸引对方。

在应酬中找共同之处，首先要做的，是通过向周围的人打听对方的兴趣爱好，以便提前“研究”。

宁欣是售楼小姐，偶然结识了一位潜在的客户。客户对小型别墅很感兴趣。

宁欣了解到这位客户很有钱，而且品位极高。虽然她极力向客户推荐小型别墅，又给他留下名片，可是他一直没有回复。

经过多方打听，宁欣得知这位客户酷爱网球。她就了解了一些网球知识，并报了网球速成班。学得差不多以后，她就给那位客户打电话，说她无意间发现一家环境特别好的网球场，还透露她网球打得不错。

一个周末，那位客户打来电话，约宁欣打网球。原来，他的球友出国了，他就想起了宁欣。最终，在打了一段时间网球后，客户主动跟宁欣签订购房合同。

可见，在应酬中，你要多留心对方的一些生活和工作习惯，了解他的兴趣爱好，从中寻找你与他的共同之处。你可以通过观察对方的打扮、表情、行为举止，还可以跟他探讨日常生活问题，甚至哲学、人生问题等，判断他的兴趣爱好。

总之，经过细心的观察、探讨，你就会发现你们的共同之处。

一旦有了共同之处，你就能与对方拉近距离，从而达成你的目的。

## 无约不至，如约而至

很多人恐惧拜访客户，因为当我们敲开客户的房门时，或是发现客户很忙，或是发现客户见到我们就一脸不悦。造成这些原因，都是我们在拜访客户前没有提前沟通导致的。在拜访客户前，应该与对方提前进行沟通，约好见面的时间，这是最基本的礼貌。没有预约的拜访就好比在客户有序的生活中强行插入，很容易把他的计划打乱，从而让他很生气。看到他生气的面孔后，我们产生恐惧的心理也是理所当然的。

王晨是IT公司技术工程部的主管，为了了解客户对公司的要求，他有时候会被派到客户的公司参加会议。其实，这项工作最初的负责人不是王晨，而是小刚。小刚每次去客户公司开会时，总是丢三落四，不是忘记拿笔记本，就是忘带资料。公司由此受到客户投诉。公司担心公司形象受损，于是让王晨接替小刚的工作。王晨无论做什么事都会事先计划好。每次他去客户公司开会时，需要用到的资料都会准备好，甚至客户可能会用到一些公司另外的产品，他都会提前准备一份。

在开会的那天早上，王晨会起得很早，将自己的仪容整理好，然后再到客户公司开会。他在会上对客户提出的问题总能对答如流，客户也对他十分满意。有时候他们会给他的上司打电话，夸赞他的工作态度。

在这个故事中，王晨和小刚形成了鲜明对比。由于小刚是缺乏条理、不注重礼仪的人，所以参加客户公司的会议时，经常因疏于准备出现丢三落四的情况，从而引起客户不满。可是王晨却不同，他做事非常认真，不管在个人仪容还是在参加客户公司会议的内容方面，他都准备得非常充分。这样，也让客户对王晨很满意，从而得到客户的赞赏。

李鹏飞刚刚从事销售工作，第一次拜访客户时心里甚是紧张。当他把自己的来意说明后，客户想看看他们公司产品的资料，他便把准备好的资料交给客户。客户觉得这些资料不够详细，问他有没有再详细些的资料。他只能抱歉地说没有了。后来客户向他要名片，他说自己刚入行，还没有名片。在连遭两次“软性拒绝”后，客户觉得甚是没趣，再也没有谈下去的兴趣，就客气地说了一些无关紧要的话，便推脱有事。他也不好意思继续打扰。这样，他的第一次拜访就以失败告终。

吃一堑长一智。第一次拜访客户虽然没有成功，但让李鹏飞知道了拜访客户应注意的事项。在后来拜访客户时，他都会把该准备的资料准备齐全，并为自己印制了名片，随身携带。功夫不负有心人，他入职三个月内便取得了很好的业绩，同时受到经理的鼓励和夸奖，让他更有信心成为优秀的推销员。

李鹏飞在刚踏上推销之路时，对很多事项都非常模糊，但他是一个知错能改的人，认清自己的不足，并认真完善，终于让自己取得了好业绩。那么，我们在拜访客户时应该做哪些准备呢？

1. 要选择好预约时间

日常的商务拜访，要提前一周左右预约；私人拜访也要提前三天预约。拜访的时间应以不妨碍对方工作或休息为原则，一定要注意避开吃饭时间，午饭后或临睡前的时间都是不妥的。一般说来，下午四五点或晚上七八点是最恰当的拜访时间。

2. 预约的方式

一般是电话或邮件预约，打电话的方式更为普遍一些。一些职场人认为，打预约电话很简单：“不就是拿起电话，拨通号码，说几句话的事吗？”事实则不然。关键是这几句话怎么说，说的方式不同，结果也会迥异。

打预约电话，要注意礼貌。如果是打给陌生客户，那就更要格外注意礼貌。

不妨保留完整的通话记录。有时候，你给对方打电话，对方不在，也需要记录吗？是的，要记录，而且要记录得清清楚楚。比如，对方为何不在。还有，打预约电话尽量别在电话中进行产品介绍，尤其是一些细节，这样会拉长通话时间，客户也不见得听得懂，或者很厌烦，反而影响预约的目的。当然也不能全然不提，简单介绍一下是非常有必要的，这是预约成功的桥梁。正确的方法是，电话接通以后，说话一定要简洁，抓住要点。一定要站在对方的立场上考虑问题，千万不要强迫对方，要让对方有被尊重、被重视的感觉。

同时还要注意，打预约电话的时候，不能抽烟、饮水或嚼口香糖，因为谁都不愿意在电话里听到杂音。另外，一定要比对方慢挂电话，不管有没有预约成功，都要保持应有的礼貌态度。通常，用“谢谢两次、再见三次”来结束通话，最忌讳打预约电话的时候，你比客户先挂断电话，这么一来，让对方会感到很突兀。即便前面对方已经答应了你的预约，后面的进程可能也不会太顺利。

3. 守约、守时、守信

预约成功后，必须严格守时，因为对方已对这段时间做出了安排。让别人无故等候是严重失礼的事情，如确因意外情况而不能赴约或需要改期，也要事先通知对方，并表示歉意，因为失约或迟到均属不礼貌行为。

成功的电话预约，不仅可以使对方对你产生好感，也便于进行下一步的工作。任何不约而至或不期而遇的不速之客，在现代职场不仅被认为是不礼貌，甚至极有可能会吃闭门羹。

4. 提前准备好资料

在拜访客户前，要提前准备好使用的材料，不要临出门才找资料，以免因为时间仓促遗落一些重要的文件或资料。此外，你还应该打电话告诉对方做好准备，将相关的资料准备好，以免双方见面时，耽误彼此的时间。

## 适当拉近心理距离

在商业应酬中，与客户签单并不是一件容易的事情，但也未必真的不好商量。和客户交谈中，尤其问题变得复杂，你不知道该如何接话时，适当表现得亲昵一些，客户很有可能会“乐意为你效劳”。例如，聪明的女士在接话时可能会夸大对方的强势，突出自己的难处：“已经没有利润了，您吃肉，让我们也得喝点汤嘛。”这时候“撒娇”是一种策略上的示弱，使自己变为主动，最终达到自己的目的。但是，在应酬时语言上的亲昵一定要适度，把握好尺度、技巧、方式，绝对不是暧昧、不是谄媚，这样才能达到最好的效果。

有一所大学要组织学生参加一家商场的实践活动。第一次派一个同学和这家商场负责人联系。这位同学进门后说话很冲，理直气壮地说市政府有这样的政策，你们应该接待我们，结果直接遭到商场负责人拒绝。第二天，另一个同学来到这家商场，在办公室门外听了听，里面好像没有重要的会谈，然后轻轻敲了敲门，得到允许后走进去，拿出学校开具的介绍信，恳求道："叔叔，我们学校有一个实践活动，需要麻烦各位叔叔阿姨，我在这里先向你们表示抱歉……但还是希望各位叔叔阿姨能支持我们的这个活动，谢谢了！"这一番话，说得经理心里热乎乎的，也觉得学生不容易，最后答应了他的请求。

两个同学都是求助，为什么第一个同学被拒绝了，第二个同学受到欢迎呢？分析其话语"叔叔，我们学校有一个实践活动，需要麻烦各位叔叔阿姨，我在这里先向你们表示抱歉……但还是希望各位叔叔阿姨能支持我们的这个活动，谢谢了！"首先，"叔叔阿姨"的称呼，拉近了彼此之间的心理距离，语气恳切，一番话说得经理心里热乎乎的。而且，他面对的又是一个学生，自然不会再拒绝了。

贝尔那·拉弟埃是著名的销售专家。有一次，他接到一项很严峻的任务——向印度推销他们公司的汽车。这是一项非常艰难的任务，因为公司已经与印度政府联系过，希望得到印度政府的支持，但印度政府没有批准这个项目。这次只能靠贝尔那·拉弟埃自己重新寻找在印度的合作机会，打开汽车的销路。贝尔那·拉弟埃稍微做准备后，就前往新德里，拜访印航主席拉尔少将。当贝尔那·拉弟埃见到拉尔少将时，第一句话就说“十分感谢您，因为您，我才能在我生日这天重新回到我的出生地”。

当然，贝尔那·拉弟埃那句开场白“十分感谢您，因为您，我才能在我生日这天重新回到我的出生地”十分得体，并没有“撒娇”的意味，不过，言语之中透露出来的亲昵，却使他与拉尔少将之间的距离更近一步。结果可想而知，贝尔那·拉弟埃的印度之行取得了成功。

我们在应酬场合中，如何才能拉近彼此的心理距离呢？

1. 亲切问候

见到对方，我们应该致以亲切的问候，拉近彼此的心理距离。比如“老杜，您好”显得亲切；“您好，早上好”比“您好”显得更亲切。沟通过程中，亲切的问候可以赢得对方的信任与好感，继而愿意为我们效劳。

2. 攀亲带故

赤壁之战中，鲁肃见到诸葛亮时说的第一句话就是，“我，子瑜友也”。这里所说的子瑜，就是诸葛亮的哥哥诸葛瑾，鲁肃是他的挚友。鲁肃短短一句话就拉近他与诸葛亮的距离。其实，我们只要稍微留意，就能发现那些攀亲带故的关系，比如“您是体育界老前辈了，我爱人可是个体育迷，您我真是‘近亲’啊。”

3. 表达自己的仰慕之情

在应酬过程中，表达出自己的仰慕之情，也可以拉近彼此的心理距离，当然，这需要掌握说话的分寸。比如“您的大作我拜读多遍，受益匪浅，想不到今天竟能在这里一睹您的风采，真是太荣幸了!”这样一说，自然会令对方心情愉悦，再提出自己的诉求，对方就不好意思直接拒绝了。

应酬

# 第八章

## 解除顾虑，排除实质性障碍

## 消除顾客的疑虑，给对方一种安全感

心理研究发现，人们总是对未知的事物产生疑虑和不安，担心信息不实，或存在欺骗，这是疑虑心理的典型表现。如果不能有效地消除顾客的疑虑心理，交易就很难成功。

疑虑心理是一种瞻前顾后的购物心理动机，其核心是怕“上当吃亏”。顾客在购物过程中，对产品的质量、价格、性价比、功能等都会持有怀疑态度，怕买贵了、怕上当受骗、怕不实用。因此，在购买过程中，顾客会反复询问各种问题，并仔细检查商品，同时对售后服务也很关心，直到这些疑虑都消除了，才会安心掏钱购买。

有一些顾客，他们对你的商品不信任，还认为你的话可听可不听，商品可买可不买。有人怀疑商品的质量不好，有人质疑你的服务不好，有人抱着逆反的心理与你争辩。

在决定购买的一瞬间，顾客却信心动摇、反悔，是常见的事。这样的顾客令人头疼，商家一定要打破这种被动的局面，善于打消顾客的疑虑，给顾客一种安全感，使他们放心地进行消费。迅速有效地消除顾客的疑虑心理，已经成为营销人员最重要的能力之一。

一位顾客到店里购买数码相机，他转来转去，看中一款单反相机。售货员小刘热情地接待他，并最终成功完成销售。顾客说："你们这款相机价格太贵了吧？"小刘说："先生，您的眼光真好。这款相机是我们店独家代理的某品牌。这款相机和其他品牌同类型产品相比，确实稍微贵了一点，但整体的设计以及细节的处理，却精益求精，性价比很高的。"

顾客又问："这个相机功能这么多，会不会操作起来很复杂，一般人用不了呢？"小刘说："对，好多顾客在购买之前都这么问，高级单反相机具有其他相机不具备的功能，但只要掌握了使用方法，用起来是很方便的。而且这款相机的拍照效果很好，用过的顾客都很认可。"

小刘在整个对话过程中，不断地针对顾客提出的"价高""操作难度大"等疑问进行科学、有效、合理地解答。这个解答的过程实际上就是不断消除顾客的疑虑、说服顾客购买的过程。所以营销人员在推销过程中要牢记这一原则，消除顾客的疑虑就是消除顾客的购买障碍。

顾客有害怕被骗的想法是很正常的，因为在他们过去的生活经历中，遭遇过销售员欺骗，因此他们才会有这样的心理。有时候，顾客从新闻上看到一些有关顾客利益受到损害的报道，所以他们往往不愿意相信销售员。特别对于上门推销的销售员，他们心里更有排斥感。

一位金牌销售员曾说过："作为销售员，如果你不去打动顾客，那么，你永远无法卖出产品。打动了顾客，也就取得了顾客的信任。只要顾客对我们没有顾虑，达成交易就非常简单。"

然而，现在的社会里骗子非常多，有很多人深受其害。骗子的行骗方式，基本都是效仿销售员的推销方式。因此，当顾客再看到销售员时，就会想起他们被骗的痛苦经历，认为销售员大部分都是骗子，进而在潜意识中产生排斥销售员的想法。

一家影楼的黄小姐就非常苦恼。她说："很多顾客来了走，走了又来，他们说，'你给我降价，我就在你这里拍'。我们这个行业到底怎么了？假如一个顾客去一家饭店，他一定不会说'你给我降多少钱，我就在你这里吃，否则我就去另一家'。要是真有人这么说，其他人一定会笑他从外星球来的。然而，在我们这个行业，不讨价的人反而像从外星球来的……"

实际上，顾客讨价还价是因为怕被欺骗，影楼给顾客的印象是暴利行业，就算你报出低价，顾客也觉得还有很大的还价余地。

让顾客产生这种心理的原因，就是有些商家的促销做得有些过了。比如，本来原价 10000 元的产品，过了一个星期就优惠到 2000 元，或者随便找个理由就打折。这时候，顾客就会认为产品成本价只有几百元，不然也不会降这么多。看来，他们平时赚了顾客不少钱，我可不能被他们骗了。只要顾客产生这种心理，价格越低，反而越不敢买。

顾客需要质优价廉的产品，他们要让自己感觉买得实惠。假如顾客从你手上买了产品，然后到其他店里一看，只需要一半的价格就可以买到同样产品，结果你就成了反面教材。

很多顾客都怕被骗，面对销售员，他们表现得很谨慎，害怕自己掉进销售员的"陷阱"。对待这样的顾客，销售员千万不要急于成交。你说得越多，顾客反而觉得你的话更可疑，曾经被骗的经历让他们感觉你不真诚。你一定要找出他们无法尽快成交的真正原因，然后，消除他们的心理障碍，把自己变成他们的朋友。

一般来说，在销售过程中，顾客有怕被骗的心理，主要是因为你们的沟通产生了障碍，他们不敢相信你的话。这种顾客往往想购买产品，但是他们总希望再便宜一些，所以就会找同类产品比较。你与顾客交谈的时候，最好让他们知道，不是所有产品都有很大的降价空间，你要重点告诉顾客购买你的产品能获得什么好处，能满足顾客什么样的需求。假如有优惠活动，一定要提前通知顾客，将利益的重点放到顾客身上，让顾客觉得自己获利，而不是被骗。

一般情况下，顾客的疑虑有以下四点。我们针对他们不同的疑虑，进行不同的解答。

第一，顾客说“我要考虑一下”。这种情况一般是顾客对产品有一定的兴趣，但也许因为没有听清楚介绍或者有其他因素，而无法下定决心。这种情况下，可以进行两种回答方式：第一，先询问清楚他们产生顾虑的原因，如“请问是我刚才解释得不够清晰吗？如果您哪里还有顾虑，您可以说出来”；第二，给顾客一个假设，假设马上成交的话，顾客能得到什么样的优惠或好处；如果不买的话，可能会失去哪些利益。

第二，顾客说“太贵了”。相信很多销售员都听过这种回答，这是顾客经常用来拒绝成交的一句话。面对这种回答，可以从三点来说明：第一，相比同类型、同价格的产品，这款产品性价比是最高的，然后帮助顾客一点点分析；第二，可以将产品进行拆项解析。把每个部件的价格对顾客进行一一说明，因为每个部件都贵，最后再组合起来说明，会让顾客产生物有所值的感觉；第三，将产品的价格分摊到每个月、每年，这种方法对于一些高档服装或价格昂贵的产品最有效。

第三，顾客问“能不能便宜一些”。可以用三种回答方式：第一，交易就是一种投资，有得必有失。不能单纯以价格确定是否购买。只看价格，会忽略品质、服务、产品附加值等，这对于购买者来说非常不划算的；第二，可以这样强调，“这是目前全国最低的价位，已经到底儿了，您要想再便宜一些，我们实在办不到”；第三，告诉顾客，不要心存侥幸心理，一分钱一分货，在世界上不可能花很少的钱买到高品质的产品，这是事实。

第四，顾客说“别的地方卖得更便宜”。顾客在决定是否购买时，通常会关注三件事：第一是产品的品质；第二是产品的价格；第三是产品的售后服务。可以对这三个问题轮流进行分析，打消顾客的顾虑与疑问。你可以不强调自己的优势，客观公正地说出别的地方产品的弱势，并反复地说，摧毁顾客的心理防线。同时，提醒顾客现在假货泛滥，贪图便宜会得不偿失的。

## 给足“面子”，赚到“里子”

面子是中国特有的文化心理现象。“树要皮，人要脸”，在中国人看来，面子代表着声望和社会地位，代表着人格和尊严，是一个人经社会认可的“自我”和活动能量的代称。给我面子，就是尊重；毁我面子，就是侵犯。有人为了维护面子，有时候甚至不惜搏命。因此，在为人处事中，面子具有极其重要的位置。

一位穿着一身品牌的女士来到一家百货商场。一家专柜的店员看到她，赶紧热情地招呼道：“女士，我们这里有一套高贵、典雅又时尚的服装，看起来和您的气质很搭配。您要不要进来试试，穿在您身上一定很好看。”她点点头，显然对店员刚才的夸奖很受用。来到店里后，她试穿了这套衣服，很满意，在镜子前反复照。店员这时又说：“这套衣服质量很好，款式也好，而且价格也便宜。您穿着非常合适。其他款式贵一些，但不见得适合您……”

店员本意是说这套衣服时尚又实惠，却表述不当。这位女士听到这里，脸上的笑容忽然没有了，生气地对店员说：“什么叫便宜的适合我，贵的就不适合我，我看起来很穷吗？我有的是钱，这么便宜的衣服，我还看不上呢！”说完，她生气地离开店里。店员虽然不住地道歉，也没有留住这位女士。一笔即将成交的生意，就因为没有顾及顾客的面子没有做成。

从这位女士的穿着打扮上，店员开始时也发现她比较好面子，比较爱慕虚荣。店员在促成交易的时候，却用了“便宜”这个词，正好伤害女士的虚荣心和面子，从而导致交易失败。

中国早就形成了一个巨大的“面子消费”市场。据统计，中国早已是世界第三大奢侈品消费国，而且大部分奢侈品的购买者并不是看中奢侈品的品质功能，而是看中其身份象征和炫耀功能，说明中国人愿意为虚荣心和面子花钱。

在营销的过程中，如果能抓住顾客这个心理弱点，会大大提高成交的概率。

一名店员向杜总推荐新款地砖。杜总感觉它的花色自然、大气、层次感强，特别适合宽敞的房间。店员见杜总喜欢，就说：“您的房子在四楼吧，我感觉四楼的光线不是很好，这种产品非常合适。”

杜总问：“花色是不是有点太复杂了？”店员回应道：“放在板架上，看起来自然觉得有点复杂，铺在地上就不复杂了。相反，铺在面积大的房间里效果还会更好。”说着，他把几片地砖铺在地上。杜总看了一下效果，果然不错。

杜总问：“这款地砖打几折呢？”店员说：“我们这款地砖针对你们小区全场打6折，折后价是148.8元/平方米，这绝对是最低价了。”杜总不再讲话，有点犹豫，显然认为价格有些高。杜总是很爱面子的人，碍于面子又不想砍价。

杜总说回去跟老婆商量一下。店员知道，这只是杜总对价格不满意的托词，一旦杜总走了，交易很可能就失败了。于是他提议：“把嫂子接过来看看吧！”杜夫人来到展厅，看到这款地砖，很喜欢，但也认为太贵。

店员解释：“做出这样的花纹，就要多出三道工艺，成本自然增加了。不过，多出的这点钱和您的房价以及您想要达到的效果相比，是微不足道的。而且，公司提供免费送货、补货。如果您用不完，单片砖都可以退还。”最后，杜总说：“算了，买了吧。”

这个案例中，顾客提出两个问题：产品花色和价格。这两个问题往往也是店员经常遇到且相对棘手的问题。比如花色是顾客一眼看到的，顾客喜欢与否只和顾客的喜好有关，很难受店员左右，因此，把一款顾客认为不满意的花色推荐给顾客，是一件不容易的事。

顾客感觉价格贵了，营销人员如果不能给予合理的解释，销售就会陷入僵局。这位店员却成功地解释了产品价格高的原因，产品复杂工艺＋送货＋补货……看起来有点贵，实际上是便宜的。

顾客既然希望得到营销员的赞美，营销员就应该及时赞美他几句；既然顾客怕被别人看不起，营销员就应该给予足够的重视。对待好面子的顾客，需要做到以下几点：

1. 不要推荐便宜的商品

顾客在购买商品时，往往追求“物美价廉”，但并不是每个顾客都喜欢便宜的商品。一些有钱的、爱慕虚荣的顾客，如果你把便宜的商品推荐给他们，就会无意中伤害他们的虚荣心，使其产生被奚落的感觉，会赌气拒绝购买。

2. 适当地赞美和恭维

爱面子的顾客在别人面前摆阔气、讲排场，其目的就是想得到别人的赞美和恭维，对自己给予尊重和重视。这样，他们的心理需求就会得到满足，从而心情愉悦。如果你夸奖他们有钱，他们就愿意在你这里消费更多。

3. 不要和他们争论

本杰明·富兰克林说："如果你总是抬杠、反驳，也许偶尔能获胜，但那是空洞的胜利，因为你永远得不到对方的好感。"有一句销售行话，"占争论的便宜越多，吃销售的亏越大"。给足顾客面子，即便他们确实错了。

## 制造对方的成就感

谈生意的时候，顾客的成就感从哪里来的？实际上，主要是从讨价还价中获得的。在销售的过程中，每个顾客都会问到价格、质量等问题，讨价还价就成了顾客的一种心理需要，目的是获得某种心理平衡。

并不是每个人都能取得成功，但是每个人都需要有一种成就感。在现实生活中，假如一件定价 300 元的衣服，顾客用 120 元买下，那么，他们通常会有一种成就感。这是因为他们在购买的过程中获利了，为自己省了钱。

有一对夫妻花了一年的时间才寻找到他们喜爱的一种古董钟。他们商量，如果售价不超过4000美元，他们就买下。然而，当他们看到标价的时候，丈夫犹豫了。

“哎哟！”丈夫低声说，“标价5000美元，我们最多只能出4000美元，我们还是回去吧。”

“是贵了很多。”妻子说，“不过，我们可以问问店主，让他便宜点儿。再说，我们找了好久才找到的。”

夫妻俩商量一下后，由妻子出面，与店方进行讨价还价。虽然她觉得以4000美元买到这口钟，可能性很小。

妻子鼓起勇气，对售货员说：“我看中你们店里的钟，我看了上面的标价。”她停了一下，继续说，“我想给出一个我能接受的价格，但是，这个价格会很低，希望你不要震惊。”她又停下来，接着说，“哎，我只能给出2000美元。”

后来，经过几次讨价还价，这对夫妻终于以4000美元的价格获得古董钟。标价5000美元的古董钟，他们通过砍价，节省了1000美元。这对夫妻非常有成就感，虽然并没有少花很多钱。

顾客都有这样的心理，他们希望买到便宜的东西，因此在购买的过程中就会不停地讨价还价。通过讨价还价，他们可以以更低的价格买到同样的商品。当销售员越舍不得以他们的价格卖出产品的时候，他们越觉得这个产品货真价实。在这样的潜意识中，通过讨价而获得产品，顾客就会获得一种成就感。

小李在一家酒楼请客，吃过饭后，他准备买单。但是，朋友周先生将账单抢过去看了看，对服务员说：“把你们老板叫来。”原来，这家酒楼的老板是周先生的朋友，周先生喊他过来就是希望可以打折。服务员确认周先生认识老板后，就出去了。过了一会儿，经理过来了，寒暄一下说："非常抱歉，今天我们老板没在酒楼。不过，既然您是老板的朋友，来照顾我们的生意，我就代表老板给您打9折，您看怎么样?"周先生不太满意，拿出手机要给老板打电话。经理经过解释后，自己先给老板打电话，最后，把电话交到周先生手上。周先生和老板聊了几句。最终，酒楼给周先生打8折，还另外赠送一个果盘。

周先生之所以这么做，就是想在朋友面前挣得面子，获得成就感。酒楼的经理也很会做生意，不仅满足了周先生的要求，而且让周先生赚足了面子。

在销售的过程中，销售员要想满足顾客在讨价还价中的那种成就感，以下两点是需要注意的：

1. 交易的速度不要太快

顾客一直都想同销售员议价，最终获得较为实惠的价格。作为销售员，在进行交易的时候，不要急于求成，因为很快答应顾客降价的要求，往往会让顾客感觉产品有质量问题。

2. 把产品的价格定得高一些

首先将产品的价格定得高一些，这样就可以让顾客的虚荣心得到满足。因为价格高的产品，肯定质量也很好。另外，留一点空间，还能让顾客有砍价的余地。最后，顾客以比定价低的价格获得产品，他们的成就感就会大。但是，在这个过程中，价格必须要慢慢地往下降，不能认为有利可图，在顾客出价后便把产品卖出去。

## 设置悬念，满足好奇心

每个人都有好奇心，尤其对于自己没有见过的东西更是充满兴趣。因此，很多人会有打破砂锅问到底的心理。在销售过程中，销售员经常会遇到这样的顾客，他们对推销的产品非常好奇，总是提出各种各样的问题。此时，销售员可以利用顾客的这种好奇心理，让他们了解产品的优势，并进行引导，最后达到销售的目的。

对于我们当中的很多人来说，“为什么会这样”“到底是怎么回事儿”之类的问题得不到解决，我们就会感到不安。解决了这些问题，则会使我们获得一种安全感。因此，销售员可以利用顾客的好奇心，通过设置“悬念”，引起顾客的注意、吊起顾客的胃口销售产品。

广东有一家房地产公司开发的楼盘很长时间都卖不出去，于是，一家策划公司就出主意，让他们在报纸上登广告，整个版面只有6个字，“寻找空中花园”。这则广告在报纸上刊出后，马上就引起轰动。很多人产生了疑惑和好奇：“空中花园”是什么？为什么要寻找它？

没过几天，报纸上又刊出整版广告：有人发现了“空中花园”。本来人们心里只是有一个疑问，过后也没有太在意。现在有人发现了“空中花园”，这更让人们好奇不已，有了打破砂锅问到底的心理。很多人打电话到报社询问“空中花园”是什么。又过了几天，报纸才把谜团揭晓：“空中花园”是你安在广州的家。这时候，人们才了解到，原来“空中花园”是一个新建的小区。果然，广告刊出后，房子的销量大增。

房地产公司利用人们的好奇心做广告，把人们的注意力都吸引过来，让很多人了解到他们新建的小区，最后取得成功。由此可见，在销售中，利用顾客的好奇心理，是一种很好地激发顾客购买欲望的方法。在你满足顾客好奇心的同时，他们也对你的产品产生了兴趣。

除了我们上述说的设置“悬念”，引起顾客的好奇心，还可以给产品增加一点神秘感。我们往往对越神秘的东西越感兴趣，越有好奇心。

东北地区有一个小酒厂，经营两年后，由于无法打开市场，面临倒闭的危险。最后，酒厂里只剩下老板一个人给饭馆和杂货店送货。

由于该酒厂的酒价较高，一般老百姓喝不起。那些高消费人群又觉得这种酒没档次，没名气，所以，维持一段时间仍然没有销路的情况下，老板打算把酒厂关掉。

有一天，饭馆老板说：“可不可以让我尝尝你的酒？我发现你非常辛苦，但是你的酒为什么还卖不出去呢？”

于是，酒厂老板打开一瓶，没想到酒味芳香扑鼻。很快，饭馆里的客人都过来问：“什么酒这么香，能不能给我们拿几瓶尝尝？”

饭馆老板灵机一动，对酒厂老板说："剩下的几箱酒我都要了。告诉你一个好办法，每家饭馆你都送两瓶，并且写上'此酒喝一口香三里，不香不要钱'。"人们都对这种酒非常好奇："到底是什么酒，能够香三里?"于是，很多人向老板询问原因后，纷纷争相品尝。没过多久，这种酒就成了当地的名酒。

上述这个案例，通过"香三里"这句广告语，引起无数酒客的好奇心，纷纷品尝，最后让快倒闭的小酒厂的酒成为当地名酒。可见，人们的好奇心也是一种商机。

那么，销售员又该如何激发顾客的好奇心呢？以下有三种方法可以尝试：

1. 提问

人们有一种思维习惯，就是会对不了解的问题不自觉地产生关注。比如，一位销售员对顾客说："您知道世界上最贵的东西是什么吗?"这样的提问，肯定会提高顾客的注意力和好奇心。于是，顾客就会更有兴趣听销售员往下讲解，而不会轻易地打断或拒绝。当然，任何吸引顾客好奇心的提问都应该和你的产品有关，否则就无法把话题引到你的产品上。

2. 显露出冰山一角

想要激发顾客的好奇心，就要给顾客展示产品价值，让顾客想要了解产品的更多信息。如果顾客想了解产品详细信息，那么他们就会主动询问。此时，销售员就可以引导顾客，达成交易。比如，销售员可以这样引导顾客：

"如果我们的产品可以为您提高40%的产量，您愿意看一看具体的演示吗?”

“稍微改进一下，您就可以极大地提高投资回报率。您希望我详细说明一下吗?”

“有的顾客通过使用本产品节省了大量开支，您想像他们一样节约成本吗?”

谁不想知道如何省钱、提高产量和投资回报率的方法呢？提出上述类似的问题，顾客就会很自然地想了解更多的信息，这样就把顾客的积极性调动起来。

3. 出新

对于新东西，人们都想一睹为快。销售员提供新奇的东西可以激发顾客的好奇心。更重要的是，人们不想被排除在外，所以销售员可以利用这一点来激发顾客的好奇心。比如，“先生，我们将要推出两款新产品帮助顾客从事电子商务。它们可能对您很有用，您愿意看看吗?”

不过，在利用顾客的好奇心进行销售时，有时候会让顾客感觉这是商家的花招，所以，不管以上哪种激发顾客好奇心的方法，都不要脱离实际，而且产品的性能也要和顾客的自身利益相关。只有你的销售方案让顾客觉得有利可图时，才会在满足他们好奇心的情况下，欣然接受你的产品，否则，他们就会有一种上当受骗的感觉，这更加不利于你的销售。所以，利用好奇心销售要把握火候，不宜太过火。

## 打消顾虑的办法，拿事实说话

当今社会，随着人们生活水平提高和商品选择多样化，人们的品牌意识越来越强，对品牌的热衷度越来越高。尤其是年轻的消费群体，更是将品牌定义为时尚和品位的表现。更有甚者，非品牌的产品不买。正因为如此，对于那些非品牌的商家，销售难度无疑就会加大。

我们经常会发现，任凭销售员怎么介绍产品的优点，怎么劝说顾客购买，顾客还是会产生疑问："我一向只买品牌产品，这种杂牌产品质量没有保障，我可不敢买。"这类顾客常常会让销售员很尴尬。面对顾客对品牌盲从的心理，有些经验尚浅的销售员会显得很沮丧，并认为已经没有回旋的余地，只能放弃销售。实际上，顾客迷信品牌是因为品牌能带给他们一种安全感，所以，如果我们能运用技巧消除他们的疑虑，继而选择购买产品，也并非不可能。

一天，一位顾客来到某商场内衣销售区。

售货员："你想购买内衣吗？进来看看，款式多着呢！"

顾客："这款挺漂亮的，是什么牌子的？"

售货员："您真有眼光，这是我们昨天刚进的货，是××牌的，它的透气性很好，最近这款产品卖得很火。"

顾客：“我没听说过这个牌子。”

售货员：“您没听过这个牌子，是因为我们的宣传力度还不够，谢谢您的提醒。实际上，我们这个品牌的内衣已经上市七八年了，全国大中城市都有专卖店。不过本市只有我们一家。您肯定知道奥斯兰黛这个品牌吧，我们努力的目标就是要成为和奥斯兰黛一样的知名品牌。”

顾客：“真是这样吗？”

售货员：“是的，我们产品的设计理念就是让每位穿戴它的女性感觉轻松舒服，起到保护身体的作用。毕竟，产品质量如何直接关系到销售量和信誉度，把产品做好是任何品牌形成的最根本原因。”

顾客：“这话倒不假。”

售货员：“您手上拿的只是其中一款，您看看这边的款式。这边还有一些设计新颖的款式……”

案例中，我们发现，这位售货员是聪明的。当顾客提出“没听说过这个牌子”时，她并没有直接否认顾客的说法，也没有这样回答，“怎么会没听说过呢，我们可是全国知名品牌”“这个品牌推出好几年了，在这一行业很出名的”。因为这种解释未免显得很空洞，毫无说服力。她也没有直接承认客户的说法，“我们这牌子现在在多家媒体上打广告”“不瞒您说这是新产品，刚刚上市”。因为这些回答无疑验证了顾客的顾虑是真的。这里，她先给自己的品牌找了一个不为顾客所知的理由——我们的宣传力度不够，然后再把品牌的目标和发展趋势告知顾客，最后，她再将产品的主要优势介绍给顾客。进行一系列分析后，顾客才打消了对这个陌生品牌的疑虑。

那么，针对顾客只认品牌不认产品的情况，销售员该怎么打消顾客的这种想法呢?

1. 劝顾客试用，让产品效果说话

顾客不相信非品牌的产品，是因为更相信品牌能带给他们安全感。要想让顾客接受你的产品，最有力的办法就是让顾客亲身体验。当顾客对产品效果感到满意，也就会接受这个品牌。

2. 将产品与顾客信任的品牌进行对比

我们可以这样向顾客提问："您觉得哪个品牌的产品好呢?"当顾客回答后，我们首先要认同顾客的观点，然后再将自己品牌的产品和顾客认可的品牌产品进行比较。如果二者相同，则强调自己产品的优势；如果产品不一样，则强调产品的特性。

3. 出示产品优势的最有力的证据

有时候我们的产品无法让顾客试用或者为顾客演示，这时不妨向顾客提供关于公司产品的一些具有说服力的证明，或是承诺质量保证，或是证明公司优秀的经营管理方式和较强的进货能力，还可以向其介绍一些品牌的销售状况和品牌的发展前景等。

总之，顾客如果只认品牌不认产品，我们就要从产品质量方面给予保证，并强调产品的优势不仅在于产品本身，而且在价格方面也会让顾客感觉物超所值。同时，可以适时引导顾客体验产品，让其亲身感受到产品的好处，进而自然而然地放弃名牌产品。

## 有时顾客的拒绝，并非不想购买

心理学家认为，顾客在没有足够的理由说服自己购买的时候，就会选择否定。顾客拒绝，并不代表他真的不需要。据统计，大概60%的顾客放弃购买的理由，并不是拒绝购买的真正理由。所以，了解顾客不购买的真实原因，是帮助促成交易的关键。

掩盖心理是不说出自己的真实需求和想法，而用其他一些原因代替。如果你顺着他们的说法继续交流，就会引起他们反感，直至离去。你需要给出一个吸引他们的条件，来吸引他们注意。

在销售过程中，许多顾客为了掩盖放弃购买的真实原因，会用一些虚假信息作为托词。遗憾的是，很多销售员不能挖掘出顾客的真正理由，也就不能在顾客放弃购买想法刚刚萌生的时候，把顾客的顾虑打消。时间一拖，顾客就真的放弃购买了。

李飞是某白酒经销商的销售员，为了把白酒尽快销售给张经理，李飞向张经理介绍自己的产品。李飞说："这款白酒的包材是国内一家知名设计公司设计的，顾客一定会喜欢的。"张经理回答："这款产品的包材确实很漂亮。"

李飞继续说："销售我们这款白酒，可以赚到40%的利润。另外，我们还有10%的促销支持。""听起来，销售你们的白酒应该能赚不少钱。”听到张经理这么说，李飞感觉时机成熟了，就说：“您可以先进一批货试卖，这么好的白酒加上这么大的利润空间，你一定能赚很多钱。”“实在对不起，我们目前没有考虑销售新白酒，等过段时间，我再通知你。”

李飞遭到了张经理拒绝，但他不明白张经理为什么会拒绝自己，为什么拒绝这么好的白酒。

王平是李飞的同事，面对张经理同样的拒绝后，他却赢得了张经理的信任，并成功拿到订单。

王平问道：“您平时选择什么样的白酒进店销售呢?”张经理说：“我们选择白酒，首先考虑的是白酒的质量，另外是白酒的利润空间、售后服务、包装和价格。”“您所说的白酒质量是指什么?”张经理说：“白酒质量要达到国标标准，口感和度数要符合我们当地顾客的消费习惯。上次我进了一款白酒，包材确实很漂亮，但是顾客反映喝了以后上头，还有的顾客说是假酒，甚至要求赔偿。”

王平明白张经理拒绝的原因之后，考虑了一下，说道：“如果能满足您对白酒质量的要求，而且给您合理的利润空间，并且保证为您做好售后服务，您会选择销售我们的白酒吗?”“自从上次你们的白酒出现质量问题后，我们店销售的所有白酒，都要经过公司的李经理和王经理品鉴以后，才能确定是否销售该白酒。”

于是王平提议，邀请李经理和王经理到饭店品鉴白酒，顺便赠送每个人一箱品鉴酒。经过王经理和李经理品鉴后，该白酒最终成功进店。

王平比李飞做得好。李飞只是想把白酒尽快地销售出去，从开始到结束一直与张经理单纯陈述自己白酒的优点，结果根本无法打动张经理。王平通过向张经理有效地提问，问到张经理关心的问题，然后围绕张经理的需求陈述自己白酒的优点和提供解决方案，最终促使销售成功。

通过这个例子可以看到，很多交易不能成功达成，是由于销售员没有弄明白顾客真正的需求和关注的问题是什么，即便说得头头是道，但是不入顾客的法眼。在这种情况下，顾客大多数会选择拒绝你，却会和其他人成交。因此怎样和顾客交流，怎么向顾客提出问题，成为沟通是否持续、交易是否达成的关键。

一般来说，顾客拒绝交易的情况有以下几种，销售员一定要细心揣摩，对症下药。

1. 需求问题

顾客因不需要而拒绝时，一种情况是因为他们没有意识到自己的需要。需求也是可以创造出来的。作为销售员，你的首要任务就是让顾客认识到自己有这种需要，并把这种需求强化，而不是拿顾客没有需求的观点来说服自己。

还有一种情况是顾客不急需，他们便会拖延购买。这种情况，表明他是有购买意愿的，只是意愿还不是很强烈，尚未达到促使他们立即采取购买行动的程度。对付这种拒绝购买的最好办法是，让顾客意识到立即购买带来的利益和延误购买将会造成的损失。

另外，还有一种情况是，顾客由于没有足够的理由说“是”才说“不”的。在顾客尚未认识到商品的方便和好处之前，销售员如果试图达成交易，几乎是不可能的。因为谁也不愿意贸然购买而被人看成傻瓜。在这种情况下，顾客缺少的是诚心实意的帮助。销售员应该帮助顾客认识到产品的价值，发现其能给自己带来什么利益，让他有充分的理由放心购买。

当然，顾客不购买也可能是他们真正不需要产品。所以，销售员一定要凭借敏锐的观察力，或通过提出一些问题让顾客回答，了解他们的需要之所在，以便真正满足他们的需要。

2. 金钱问题

一般来讲，金钱的多少将直接影响顾客的购买欲望，所以碰到自称没钱的顾客，理论上还是有希望的。解决的办法主要是摸清他的真实想法，是真的没钱，还是目前钱不够？还是对产品质量有顾虑？多从顾客的角度想想，才能促成一笔生意成交。

此外，涉及金钱的，还有一个价格问题。据统计，国外只有5％的顾客在选择产品时考虑价格，而95％的顾客是把产品质量摆在首位的。随着生活水平的提高，人们对产品质量也越来越看重了。所以从这个角度来看，嫌产品贵肯定只是表面现象。自古就有“一分钱一分货”之说，顾客之所以这么讲，肯定认为产品不值这么多钱，这个评估仅仅是他心理上的评估。如果顾客不能充分认识到产品的附加值，他当然有理由认为产品根本不值这个价钱，永远嫌贵那就是很自然的事情了。所以销售员一定要在产品的附加值上下功夫，让顾客对产品的附加值有全面的了解。

3. 时间问题

这是最常见的也是最没办法的一种拒绝方法，令销售员产生很大的挫折感。三天两头联系，一句没时间就把你打入冷宫。有些销售员会在这时候选择放弃，认为顾客没有诚意。但反过来想想，已经付出了这么多，为何不再多坚持一会儿？显然，敢于这样说的顾客是有一定决定权的人，若开始就被他的气势压倒，在随后的沟通中将始终会有难以摆脱的心理障碍。应对这样的顾客，就应该单刀直入，直奔主题。如果能在开始的几分钟引起他的兴趣，就还有希望。当然如果顾客正在忙，或正在闹市区，接听电话不太方便，就没有必要再浪费时间，明智的选择是留下资料和联系方式，另约时间。

另外，还有一种情况是顾客需要时间考虑。把资料和样品已经给顾客看了，演示了，眼看马上就能成交了，最后顾客依然需要再考虑时，销售员一定要跟紧，以免到手的机会拱手让人。这时，销售员尤其要注意的是，不要出于礼貌说："那你再考虑一下吧。"一定要约好和顾客下次见面的时间，否则，"考虑"的结果往往是，"不好意思，我已经选择别家产品了"，或者是眼睁睁地看着顾客在别的柜台买了竞争对手的产品扬长而去。

4. 信任问题

因信任问题而拒绝，不是拒绝销售的商品，而是拒绝销售员。人们通常认为，销售的关键在于产品的优劣。这虽然有一定的道理，但不能一概而论。有时即使是好产品，不同的销售员销售的业绩也大不相同。原因是什么呢？大量的事实表明，在其他因素相同的情况下，顾客更愿意从自己信任的销售员那里购买。因此，要想成为成功的销售员，必须在如何获得顾客的尊重和信任方面多动脑筋。

从表面上看，顾客的这样的种种理由似乎是正当的抵制，而实际上只是一些借口而已。因此，销售员一定不能把顾客的借口当成真正的拒绝理由，也不要非常直接地告诉顾客，说他在寻找借口或者不愿意给出明确的回答。当正题谈不下去时，我们不妨运用迂回战术，闲聊一番，聊到双方眉开眼笑时，机会也许就出现了。

# 应酬

# 第九章

## 对的时间，用对的方法结交对的人

## 送贵不如送对

有“礼”走遍天下，礼物是建立友情的一种媒介。中国早就有“投之以桃，报之以李”的习俗。送礼作为一种社交现象，它反映出送礼者的文化修养、交际水平、艺术气质，以及对受礼人的了解程度和关系远近。在一定意义上讲，它也是一门特殊的应酬艺术。如何选礼，如何送礼，送什么礼，最能反映出一个人的有效应酬能力。

自古以来，国人一向推崇礼尚往来，《礼记·曲礼上》写道：“往而不来，非礼也；来而不往，亦非礼也。”圣贤所说的“礼尚往来”的意思是，你给别人送礼，那么轮到你，则别人也会给你来捧场。可以说，礼尚往来已经成为人们社会活动中不可缺少的应酬形式。

可是，当我们送礼时，送什么礼物才合适呢，礼物是越贵重越好吗？其实不然。有时礼物太过贵重，对方反而不敢接受。因此，送礼不是越贵重越好，而是要投其所好，送对方最喜欢的才对。如果你不懂得送礼的技巧，那么在送礼时难免会费力不讨好。

李晓辉过年的第一件事就是给上司拜年，这已经成为他每年必做之事。在刚入职的时候，他就曾经因为不懂得送礼的技巧而吃亏。

当时，李晓辉刚入职，恰逢过年，他便拎着大包小包给上司送礼。他基本上在春节前一个月就开始考虑给领导拜年时带什么礼物，但往往是花了不少钱，却很少有领导喜欢的或者满意的。

有一年微波炉刚流行，李晓辉咬牙给上司买了一台，结果到上司家一看，上司家里早就有了，而且比他买的还好。尽管上司对他笑呵呵的，但是他却感到特别尴尬。更让他尴尬的是，第二年他给上司的儿子买了一个随身听，几乎花了一个月的工资，但送过去的时候，上司的儿子已经有三台了，再说流行的已经是 CD 机。两次送礼失败让他大为痛心，既花了钱还没讨到好。

他跳槽到一家新公司，凭实力和经验当上主任，也有人向他送礼了。他这时才发现送礼的人颇费心思，收礼的人也颇感麻烦。下属来拜年不能不接待，礼物不能不收，但家里可以说样样俱全，比如保健品、营养品等，这些东西真用不上，尤其那些有保质期的，往往囤积家里也是个负担，结果只能是过期后扔掉或转送别人。

因此李晓辉总是跟下属说过年送礼一律不接待，下属送给他的最好礼物就是尽心尽力工作，多出成绩。他对现在的上司，只是在大年初一让快递送一束鲜花，而他的上司对他的这种问候方式也深表认同。

可见，送礼绝对是一门学问。礼物太轻，意义不大，很容易让人误解为瞧不起他，尤其是对关系不算亲密的那些人，更是如此。如果礼物太轻，求别人办事的难度较大，成功的可能性几乎为零。

但是，礼物太贵重，又会让接受礼物的人有受贿之嫌，会让受礼人心里不安，特别是对上级、同事更应注意。除了某些爱占便宜胆子又特大的人，一般人很可能婉言谢绝，或即使收下，也会付钱，要不待日后设法还礼，这样岂不是强迫对方消费吗？如果对方拒收，你钱已花出，留着无用，便会生出许多烦恼，就像平常人们常说的“花钱买罪受”。因此，选择礼物的轻重以对方能够愉快接受为准，要针对对方的需求，不送贵的，只送对的。

宋晨入职已经两年了，他发展得不错，受上司恩惠颇多，一直想找机会向上司表示一下。一天，他偶然发现上司红木镜框中镶的字画给人的感觉是一幅拓片，跟室内雅致的陈设不太协调。他一个朋友的父亲是全国比较有名的书法家，他手里正好有一幅朋友父亲的书法作品。他把这幅书法作品送给上司，结果上司十分喜爱。

给上司送礼，一定要注意方式，不讲究方式的送礼，上司不仅不会接受，还会对你产生其他不好的看法。比如，我们可以认真了解上司包括他的家庭背景、家庭成员、职业履历、业余爱好，然后恰如其分地选择一份不是很贵，但是上司真正需要的礼物。打个比方说，如果上司的宝宝刚满月，送一张带音乐的漂亮的玩具毯，上司肯定会喜欢。

需要谨记的是，在选择礼物的时候，最忌讳的是给每个人送同一种礼物。如果对方知道后，会觉得你在打发他们，没有诚意。所以，选礼物一定要根据对方不同的兴趣、性格、品位、需求而定，那些富有特色，能体现心意又不太贵重的礼物，才是恰到好处。另外，选择礼物一定要分出“差别”，也就是要区别对待。如果给级别高的人和级别低的人送同样的礼物，那么级别高的人就会觉得自已没有受到重视。

送礼要送到对方的心里，这样才会收到预期的效果。在不显山不露水的情况下，完成了你和对方情感上的交流，也为你以后达成心愿铺好道路，可谓一举两得。

## 满足需要，才见真心

有时人们觉得送礼只要选贵重的礼物就好，其实不然。送礼的关键在于送礼人的心意，只有你用心选择，这份礼物看起来才显得贵重。如果你敷衍了事，那么不管多贵重的礼物，都没有什么分量。有时候，当你苦于不知如何向对方表达自己的感情时，一份贴心的礼物，往往具有比“言语表述”更丰富的内容。有时候，并不是送了礼就万事大吉了，关键的问题是，送礼不仅送的是一份礼物，更是表达一份自己的心意。

说起送礼的故事，不能不提“千里送鹅毛”的典故。一根鹅毛能得到唐太宗的重赏，正是因为送礼者的那份“人意”，也就是心意。

有的人送礼物，花费颇多，却未必能让收礼人满意；有的人送的礼物虽然价格一般，甚至不值什么钱，却让收礼人心花怒放。这其中道理，无非是你赠送别人的礼物中是否有你的一份心意罢了。

刘明刚毕业，在一家广告公司上班。一次，经理老万买了新房，办乔迁宴，邀请同事们周末到他新家吃饭。刘明不知道该送什么礼物，想来想去，忽然想起以前老万在聊天的时候，说他的儿子特别喜欢某一部知名动画片。刘明在商场买了一套那部动画片中人物的木偶。那天，老万的儿子对刘明送的那套精致的木偶爱不释手，老万也对刘明另眼看待，在后来的工作中不断给刘明机会。很快，刘明也因表现出色，晋升之路顺风顺水。

其实，送礼不仅送一份礼物，更重要的是表达一份心意。送礼最重要的一点就是要“贴心”。对特别亲近的人，比如父母兄弟姐妹等，可以直接问对方“想要什么”或者“缺什么”。对于不那么亲近的人，就需要花时间了解对方的喜好。例如，可以在聊天的时候，有意识地和对方聊聊过年的话题，试着从聊天中了解对方的需要、喜好等。如果没有机会和对方聊天，不妨去对方的微信朋友圈或者微博里瞧瞧，看你在意的那些人最近在做什么，计划要做什么。比如，前一段时间，当你们单位发了一张某品牌羊绒衫的购物券，而你已经有几件羊绒衫了，不需要购买。一天，看朋友的微信朋友圈，发现她准备在年前给哥哥买一件羊绒衫，你可以把手里的那张购物券送给她。看到你送过来的购物券，她一定欣喜若狂，连夸你是及时雨。再比如，闺蜜聚会，你一个朋友无意中说要在新年里换新发型，你就可以选择一个不错的发型工作室，送给她一张贵宾卡，相信你的朋友也一定会欣喜万分。这张贵宾卡简直就是天上掉下来的馅饼，她会很开心。相信如此贴心的礼物，谁收到都会喜欢的。

总之，无论回家探望父母，还是节日期间走访亲朋，一份合适又贴心的礼物都能表达我们的真实情感，也是一份真心的祝福。最后，送礼时，千万别忘记撕掉价签。无论你的礼物价值一元还是一万元，都要撕掉价签。送一份明码标价的礼物，好像在提醒对方，这份礼花了多少钱。你在期待回赠吗？还是想做一笔等价交易？所以，撕掉价签，才能让对方毫无压力地接受你的礼物，这也表明你送礼真的很用心。

## 注重时间与场合，否则适得其反

礼物虽然是好东西，但并非任何场合都能送出去。生活中常常发生这样的事情，有些人到对方家中拜访时，直到要离开了，才想起带来的礼物，在门口拿出礼物时，主人却因为谦逊、客套而不肯接受，此时在门口推推搡搡颇为狼狈；有的因为对方家中有客人，收礼成为一件很尴尬的事情；有的将本该送到家里的礼物送到对方办公室，让受礼人受到别人非议。总之，送礼有学问，一定要注意时机，分清场合。

对于任何人来说，收到礼物是令人高兴的，但如果经常接受他人无故赠送的礼品，则会产生心理负担。“无功不受禄”就是这个道理。

解除受礼者的这种心理负担是很重要的。在接受礼品的同时，受礼者需要一个正当的理由，而且还需要一个适合的环境，否则，在不合适场合接受不合适的礼物，就可能收得不安心、不踏实。

于送礼者而言，送礼的时机和场合都应该周详考虑，毫无理由的馈赠绝非多多益善。老祖先创造了“礼节”，恐怕也在暗示我们“送礼要节制”，而不是没缘由地送，不分场合地送。

张子瑞在一家国企上班两年多了，业绩一般，也没有什么特长，属于默默无闻那类。眼看春节快到了，一天晚上吃饭的时候，妈妈提醒他：“应该给你们单位的领导送点儿礼了。这两年来，他们对你挺好的。”晚饭后，他和妈妈便到商场里购买燕窝、西洋参、红酒等贵重礼品。

领导住在哪里，张子瑞不知道，也不知道向谁打听。第二天早上，他早早带着礼物来到单位。停好车，打开后备厢，他就开始发怵了，这些礼物要不要拎到领导办公室去？想了很久，他决定趁现在时间还早，赶紧把礼物送到领导的办公室。

当张子瑞像做贼似的拎着礼物来到领导办公室，没想到领导已经上班了。更难堪的是，还有一个人正在跟领导谈事情。张子瑞结结巴巴说明来意后，领导沉着脸直接拒绝了。

由此可见，送礼的时间和地点的选择也是有技巧的。作为应酬高手，或者是一名优秀的业务员，必备素质之一就是会送礼。那么我们应该怎么送呢？关键就在于把握送礼的时机和场合。

比如说，只有过年过节才送，平时一点儿不送，这也是不行的。因为过年过节送礼的人很多，你送的东西很可能就淹没在成堆的礼物里，对方根本注意不到，也就谈不上对你有特殊印象，送礼的作用也就大打折扣。

送礼的时机往往在于自己的把握。如果你用心，就能发现很多送礼的时机。也许是某个朋友的生日，也许是纪念日，也许他今天刚受到提拔。对于他们而言，都不是一个平凡的日子。也就是说送礼可以利用特殊的时机，这是不可多得的送礼的好理由。

1. 利用生日

平时，你就应该做一个有心人，把一些重要人物的生日记下来，并在日历上用红笔标注，等到他们生日那天，就可以送上一份特别的礼物。在特殊的日子，相信对方也不好意思拒绝。

2. 利用一些偶然事件

一些事情偶然发生了，比如对方摔伤了，或者受到提拔。遇到这些事情，你不能无动于衷，或安慰，或祝贺，礼物是少不了的。

3. 利用生病卧床的机会

人一旦生病卧床不起，都会变得脆弱烦躁，名声、虚荣都顾不上了。这时他最需要的是别人来探视。你要很好地利用这个机会。

4. 利用婚丧嫁娶

这当然是送礼的好时机。亲朋好友、上司或下属的孩子有婚嫁之喜、生小孩之喜时，要及时送去礼金礼物。在结婚会场、宴客应酬也要尽心尽力。最好在这样的时刻替他们照相，日后可把相册作为一份礼物送给他们，这样会赢得他们的好感。有人去世，你应主动慰问死者的家属，举行葬礼时还要去送行。如果实在抽不出时间，可以打电话致意。

另外，送礼的场合也很重要。送礼时最好选择对方家里。为什么这样说呢？因为送礼总是为了达到一定的目的，或者是为了增进友谊，双方面对面地交谈更能加深感情，礼物只是辅助品而已。或者是求人办事，更需要私下向对方表达你的意图。另外切记，送礼的时候，不管礼物丰厚还是俭薄，都应大大方方地拿出来，切忌偷偷摸摸地将礼物放在某个角落。有人喜欢通过他的家人向他转达你的意思，其实这样不如当面陈述给人印象深刻。因为即使他的家人收下了礼品，但有些事情他们还是无法交代清楚，所以，还是亲自送给受礼人比较好。

要学会送礼，就要选对时间、地点，更要注意场合，这样才能使人易于接受。送礼的场合是可以随机应变的，很多人特别喜欢选择晚上到对方家里，但这未必是最好的拜访时机，因为对方晚上很可能不在家，送去礼物却未见到要见的人，真的很遗憾。有时对方在家，但又有客人，带着礼物又不如对方所愿，还不如不送。最好的时间就是在他上班还没动身之前，这样既没有旁人打扰，礼送到了，要办的事就可以办了。

## 送伴手礼，从来都不是简单的事情

我们常说，有“礼”走遍天下。特别职场人，无论出差还是利用假期外出游玩，很多人都要思考这样的问题：要不要给同事和领导带点儿伴手礼？带了伴手礼，又如何赠送才不得罪人呢？这是让人颇为头疼的事情。

因为预算有限，所以我们不可能赠送每个人，这时候就需要做出选择，是赠送少数领导价钱高的礼物，抑或赠送同事便宜的礼物。送给领导的礼物总得要显得与众不同，但太过贵重未免会遭人非议；给平时关系要好的同事带的礼物自然也要有所区分；尽管办公室里有些同事和自己关系很一般，可如果送给别人礼物，不送给他们又觉得尴尬。这一系列问题都让人颇为烦恼。

选择什么样的礼物也是伤脑筋的事情，高价精美的礼品虽然能够赢得大家欢心，却对不起自己的钱包；遍地都是的旅游纪念品更没意思；至于那些物美价廉的礼品，既难找又费时间，毕竟我们游玩或者出差的时间有限，还得挤出一部分时间买礼物。看看这个不合适，看看那个不喜欢，越来越不确定，到最后难免会随便买一堆带回来。

刘建斌有一次到浙江出差，完成任务后，领导批准他去舟山群岛玩一天。因为当时领导就在办公室，所以同事都起哄，要“幸运”的刘建斌给大家带礼物，不然“不公平”。

刘建斌逛了半天，望着令人目不暇接的贝壳工艺品时，顿时没了主意。那些贝壳手链，好像只有小朋友才会戴；贝壳风铃，办公室里那些没童趣的同事肯定没兴趣……难道自己要把这难得的一天花在找礼物上吗？

刘建斌好不容易找到一个贝雕工艺品，但在回去的路上，却又是一番折腾。尽管贝雕虽然不是特别易碎，但也不是非常结实。每逢车子一震，他的心也随之一震。看着装贝雕的盒子和旁边的行李磕来碰去，他实在不放心，只好把它拿下来放在膝盖上。就这样，其他旅客一路上睡得舒舒坦坦，但他却抱着贝雕的盒子左右为难。

出差在外，给同事和领导买礼物并不是一项简单的任务。毫无疑问，赠送同事一份实用的薄礼是一个最理想的选择。需要谨记的是，如果我们带礼物，就要给所有人都带一份；如果不带，最好都不要带。因为既然无法赠送全体同事，那么在购买礼物时，你就应该考虑到未收到礼物的同事的感受。尽管礼物只是一个形式上的东西，但比起收到礼物同事的高兴，“隔壁的人有礼物，我却没有”，未收到礼物的同事的憎恨情绪反而更加强烈。这种负面情绪会因礼物愈高价愈强烈，甚至会在他们心中埋下一个导火索，对我们的人际关系产生影响。

因此，当我们花费巨大的心力、财力把礼物带回来，如何分配同样也是一大难题。如果一视同仁倒也没有关系，但如果你给几个特别要好的同事带来特别的礼物，那么还得藏着掖着，偷偷摸摸地送过去，不然明目张胆地搞特殊对待，必将引起其他同事不满。如果你送比较要好的同事价值高的礼物，送普通同事普通的小礼品，那么难免会造成他们对你的礼物不冷不热，出现“费力不讨好”的结果。

如果说送给同事的礼物难以分配，那么送领导礼物更难分配。因为领导和同事之间毕竟有地位上的差别，一样的礼物凸显不出领导的重要地位，但太过贵重难免让同事误以为你有“溜须拍马”之嫌。当你拿着礼物走进领导办公室的时候，不知道背后有多少双眼睛看似无意实则有意地盯着你的双手，恨不得长出一双能透视的火眼金睛；同样有很多双耳朵竖起，企图从你和领导的对话中听出一些端倪。如果一旦引起同事误会，我们在办公室的日子必然不好过。

萧琳最近因为业务需要，要去上海出差。她的主管领导说自己去温州时曾经看中某一品牌的衣服，但没有合适号码，因此让萧琳留意，如果上海有的话就帮自己买一件。

领导的“顺便”就必须要落实，因此萧琳在办完业务后立即寻找领导的那件衣服。她跑了两个大商场，终于找到了。从上海回来后，萧琳把衣服送到领导办公室。领导并没有直接给她钱，而是说转账到银行卡里。

谁知顺手帮忙的事，让办公室里那些极具八卦精神的“长舌”同事找到了发泄的机会。有同事嗔怪地对萧琳说：“萧琳去一趟大上海，也不知道给大家带些礼物回来。”萧琳只好赔笑说，上海又不是很远的地方，谁都可以去。这时候同事接过话茬儿说：“给领导带份礼物也是应该的……”

同事的话越来越不对劲儿，萧琳这时才明白，同事肯定以为自己早上送领导那件衣服是在“进贡”。这让萧琳大为头痛。思索良久，于是她找个大家都在的时间，故意低声打电话：“张经理啊——”话刚出口，办公室就立即安静下来。她继续说道，“早上给你的那个卡号我记错了，买衣服的899元钱，等一下我重新发个卡号给你吧……”

当萧琳确认那些爱管闲事的同事把自己刚才的话一字不漏地听进耳朵时，才放心地挂电话。

尽管我们出差回来给同事带一点儿礼物，能够给我们带来不少积极效应，也是联络同事感情的好办法，可是相比它所带来的麻烦而言，那点儿好处是得不偿失的。所以说，对于那些上班族而言，带不带礼物，带回来如何赠送是很重要的学问。

尽管大多数人无法避免向上司赠送礼物，但对上司而言，员工在出差过程中获得的成果远比任何礼物更重要。所以在更多的时候，我们不妨将礼物赠送给平时没有出差机会的同事。比方说，和这次工作相关，却未有出差机会的同事。

而且，对于会计、人事、行政管理部门的同事，我们也应该送礼物，特别是对你结算差旅费或保险的那些会计要好好地表示谢意。因为他们是负责我们出差费用的“关键”人物。做好打算，我们的“礼物”才能送到实处，赢得良好的办公室关系。

## 功夫下在平时

如果你平时对待同事不冷不热，有事相求时才急忙提着礼物套近乎，同事嘴上也许不说什么，但心里一定在嘀咕：“这时用得着我了？平时连个招呼都懒得打。”常言道，“平时不烧香，临时抱佛脚，菩萨都不会帮你”。求同事办事最忌讳的便是临时抱佛脚。

平时，和我们相处时间最多的就是同事了，不管老同事，还是新同事，都要在平时培养感情。例如，逢年过节或者对方生日的时候，打一个电话，送一份小礼物，看似简单的一件事情，却能让自己在对方心中留下深刻的印象。当我们有求他们时，他们才会义不容辞。

某小企业长期承包一些大建筑公司的工程，所以，该企业的董事长宋晓琳经常和这些公司的重要人物培养感情。她的高明之处在于，她不仅关心公司负责人，对年轻的职员也关心。

在平时，宋晓琳总是想方设法全面了解那些大公司中的员工各种情况。当她发现公司里有人有潜力，以后会成为该公司的负责人时，不管他多年轻，都尽心给予关心。因为她明白，十个欠她人情债的人当中，会有九个给她带来意想不到的收益。

所以，当年轻职员小王升为科长时，她就专门找时间前去祝贺，并赠送礼物。等小王下班之后，她还盛情邀请小王到高级餐馆用餐。

小王从来没有来过这种高档的地方，自然对宋晓琳的招待很感动。小王认为，自己从未给过宋晓琳任何好处，并且现在自己也没有掌握重大交易决策权，可见宋晓琳是真的爱惜人才，是个好人！

宋晓琳更高明的地方，是对小王说：“我们公司能有今日，完全是靠贵公司的帮助。你作为贵公司优秀的职员，我向你表示谢意是应该的。”她的这番话，又让小王减轻了心理负担。

没过多久，小王凭借自己的实力，升任经理在竞争十分激烈的时期，许多承包商退出，由于小王的大力支持和帮助，宋晓琳公司仍旧生意兴隆。

俗话说得好，“高楼不是一天就能建成的”。我们要想给对方留下深刻印象，就一定要懂得给自己“盖楼”。如果你刚进入一个公司，认识一个新同事，就送给他许多礼品，然后提出你要他办的事，很明显你是用这些礼品换取他的帮助。一般情况下他会拒绝你的礼品，即便收下也不会马上帮你办事。

如果你想让你的人际关系更加牢固，那么对于日常培养感情的工作，就一定要做到位。所谓做到位，就是不仅要做，而且要做得充分，让别人觉得你确实出于真心实意。感情永远都是联系你和他人的一根纽带，如果你不去培养，感情也不会自然形成。

所以，培养感情最好的办法就是平时多交往。如果你总是抱着“临时抱佛脚”的想法，那么就很难得到别人的帮助，因为没有谁愿意帮助势利的人。

## 恰当的时机，恰当地表示

我们总是习惯在节日的时候和客户加强联系，送份礼物和祝福。喜庆的节日，原本是送礼的理由和时机，但由于这时候送礼的人太多，尤其是对那些一到节日家里礼品成堆的客户，他们也就不太在意了。所以，给客户送礼不一定非要选在节日，平日里也能很好地表达你的尊重和情义。

著名的销售大师乔·吉拉德之所以能取得如此伟大的成就，与他长年累月的与客户保持联系有一定的关系。乔·吉拉德曾经为自己的客户定下这样一个规矩：对于那些潜在客户，每年都会寄送12封信函，而且每次都会以不同的色彩及形状投递，这样才能让客户在每个月中都能感受到他的存在。

在1月里，他的信函封面是一幅精美的喜庆图案，因为是过新年，所以卡片上写上“新年快乐”四个大字，最下面是一个简单的署名：“雪佛兰轿车，乔·吉拉德敬上。”此外再无多余的话。

2月份，他的信函上写的是：“请你享受快乐的情人节。”下面仍是简短的签名。

然后是3月、4月……乔·吉拉德的卡片已经深入每位客户的心中，为此不少客户一到节日，往往便会问：“过节没有人来信？”一年当中的12个月，每位客户都想念着乔·吉拉德。后来，只要客户打算买汽车，第一个想到的人一定会是乔·吉拉德，因为他们早已是老朋友了。

一份小礼品，不一定需要多么贵重，但体现了你对客户的情义，让客户知道你即便在平日里也惦记着他。如果你只是在节日的时候才想起联系客户，平常基本处于忽略和冷处理的态度，就算你在节日里的问候再热情，送的礼物再贵重，也难以感动客户。

平时积累的感情更加稳固和长久。需要记住，你送的这些小礼品不需要过于昂贵，以免给对方造成心理负担，使其对你敬而远之。比如别致的打火机、精美的记事簿、可爱的烟灰缸等，都可以达到很好的效果。

推销饮水机的美美，每天中午便到各公司拜访，但她每次都会带上看似无意实则精心准备的小礼物。有时是口香糖，有时是一颗酸梅，分送给遇到的每个人。吃完饭后，来块口香糖或是一颗酸梅，让人精神格外清爽。

这种小礼物，的确是人际关系中最好的媒介，将你与准客户之间的情感围墙逐日清除。小小的一份礼物能产生巨大的作用。这种方法之所以能赢得客户的好感，是因为你抓住了客户心中或多或少的占便宜心理。小礼品可以调节客户的思想情绪，并为之奠定愿意进行积极合作的基础。

另外，若是你能依据实际情况，抓住客户心理，再适时送出小礼物，那样效果会更好。

陈东去拜访一个女客户。当时女客户正在厨房里洗碗，她的孩子坐在客厅的地板上大哭。

陈东立刻蹲下来，对孩子说："小朋友不哭，叔叔给你变魔术。"陈东像变魔术般拿出两支棒棒糖，然后他又拿出一个会走路的小鸭子，趴在地上为孩子演示，孩子破涕为笑。他做的这一切，女客户都看在眼里。

很快，女客户就痛快地和陈东签订了合同。她怎么会拒绝一个愿意和她的孩子一起跪在地上玩耍的人呢？

虽然这些小礼物不值多少钱，和那些一掷千金的饭局、一张价格不菲的购物卡相比，只能是小巫见大巫。但正是它们的“小”，才体现了你的细心和爱心，让客户轻松接受你，同时也接受你的产品。

送礼不一定非要在大家都拎着大包小裹的礼物你来我往的节日，也不一定需要非常昂贵。你可以选择任何一个普通平常的日子里，适时地送上一份也许并不值多少钱但能体现你心意的小礼品。

给客户送礼，目的是加深感情，让客户以后多多支持你的工作。所以，永远不要错过任何一个恰当的时机。

应酬

# 第十章

## 避免无效应酬的办法

## 及时割舍沉没成本

当我们遇到不想参加的应酬、不想与人聊天时，却无法说“不”，不敢拒绝。为什么会出现这种问题呢？倘若将这个问题抛给“不敢说‘不’”的群体，这种答案出现的频率最高——因为我们害怕伤害感情。下面来看我两个朋友的案例：

王蒙，28岁，在北京一家外资企业任职。很多人都觉得，王蒙的生活很顺畅，从小城市出来，在北京站稳脚跟，还有一个漂亮的女朋友。所以，王蒙是很多人的羡慕对象。不过，王蒙却不这么认为。有一次吃饭时，他透露：“我其实经常感觉自己特别窝囊。有时候和同学或朋友产生分歧，还没说两句，我就会选择闭嘴，不再说话。别看我总是笑呵呵的，其实我心里一点都不好受。和女朋友产生分歧也一样，每次都是我让着她。我越是包容别人，心里就越痛苦，但是我却没有办法避免。”

有人问他：“为何不争论、不拒绝他们呢？”王蒙懊恼地说：“因为我害怕伤害他们，害怕伤害我们的友谊。你说，即便我据理力争，即便是我对的，又能怎么样呢？背地里，他们会不会觉得我咄咄逼人？”

张强也因为一件事无比纠结。有一次，他在酒后和一群朋友说："我现在根本不愿意回家，因为我女朋友天天逼我结婚。我觉得工作还在上升期，等工作真正稳定下来，再好好举办婚礼。可是她天天逼问我是不是可以结婚了。我看着她急切的样子，根本就不敢说再等两年。你们根本不理解我的这种痛苦！"

一个朋友无奈地说："可是，你也没必要为了不伤害她，就这么委屈自己啊，应该有办法解决的……"

张强打断他："根本没有，我根本不知道怎么办！我现在天天在外面喝酒，就是为了喝个烂醉，回家就可以直接睡了！"

现实中，如王蒙和张强这样的人，并不在少数。这些人有一个明显的特点：不会也不敢拒绝。他们这样做，并非因为理性，而是出于害怕伤害别人。

所以，为了保证他人高兴，他们就呈现出一种似乎什么都可以接受的姿态。潜意识里，他们认为一旦自己说"不"，对方一定会暴怒不已。正因如此，他们只能选择委曲求全，将痛苦留给自己。

一次、两次如此，本不是什么大事。生活于世，谁没有受过一点委屈？但如王蒙和张强这样，长期压抑自己的情绪，甚至胆战心惊地面对生活，会导致出现怎样的问题呢？轻者，变得毫无主见，无论做什么事情，都要看别人脸色；重者，产生严重的心理问题，出现抑郁、狂躁等精神类疾病。到头来，受伤害的只有自己。

相信没有人愿意走上这样的路。那么，我们究竟为什么会变成这样呢？一方面，是成长经历造成的。小时候，因为很多事情都由父母做主，所以我们习惯听取别人的意见，看别人的脸色。如果这种情况在青春期没有得到纠正，那么成年后，就会发展成为一种心理障碍，从而形成懦弱的性格。

总是担心拒绝会伤害别人，这正是一种懦弱的体现，一种心理不成熟的体现。

另一方面，是因为我们根本不懂得如何正确地拒绝。试想，你一开口，就是“不对，你说的都是错的！”“不可以！你这么做就是自找苦吃！”这样的回答，怎么可能不伤害对方呢？

所以说，想要改变自己不敢说“不”的习惯，一方面，要从改变自己的习惯入手；另一方面，要从拒绝的方式入手。以下几点，我们一定要牢记在心：

1. 尝试换一种方式拒绝

很多时候，我们可以用较为委婉的语气进行拒绝，这样对方就能感受到被尊重。例如，当你想否定朋友的某种看法时，不妨这样说，“你说得的确有道理。可是中间有一个小细节，是咱们都忽略的……”这样一来，你不仅回绝了对方，还用“咱们”这样的字眼儿将彼此关系拉近，对方就感受不到你的敌意。这时候，你再阐述自己的一些观点和道理，对方就会很容易接受。

同样，对于婚姻之事，倘若案例中的张强可以这么说，也会取得很好的效果。“亲爱的，我理解你的心情。但是，现在我们的工作还处于上升阶段，并没有完全稳定下来，这时候如果大办婚事，开销必然不小，不是咱们能承受的。你放心，我不会辜负你的。要不咱们先领证，暂时不办婚礼，等条件好一点再风风光光地给你补上。亲爱的，你觉得怎么样？”

这样表达，既透出一丝甜蜜，又说明了现实情况，还能拒绝女朋友逼婚，怎会伤害女朋友呢？

2. 明白“对方生气不全是你的错”

其实，我们要明白一个道理，有时候即便你的拒绝很合理，对方依旧会生气。面对这样的情形，我们不要心生内疚，因为有些人本来就是如此蛮不讲理。例如，一些带有“公主病”的女孩，或是那些从小被娇生惯养的男孩子。面对这种人，拒绝他们，肯定会让他们生气，但你不拒绝，他们也未必感激。

对于这样的人，即便他们真的不高兴，我们也要毫不犹豫地拒绝。相信他们长大成熟后，回想曾经做过的种种举动，对我们的怨言就会烟消云散。

## 不想参加的聚会，没必要硬着头皮前往

相信每个人都会遇到这种情况。刚发薪水，同事们总喜欢攒局，组织各种各样的聚会。这时候，你参加吧，工资不高，几次聚会后，下半个月就要“吃土”；不参加吧，同事们就认为你不合群、孤傲，你在办公室也就没什么人缘了。

张磊最近就遇到了这种苦恼的事。张磊和妻子都是普通家庭的

孩子，在普通大学毕业，做普通的工作，赚普通的工资，过着普通人的生活。

张磊单位里年轻人特别多。年轻人多，聚会自然就多。张磊跟他们玩了一段时间后，遇到了开销透支的烦恼。他们聚会，不管是AA制，还是有人做东，作为同事，张磊不能总是白吃白喝，怎么着也得回请。不管哪种方式，他都免不了花钱。

张磊还要还房贷，还要买礼物哄老婆、丈母娘，还要攒钱生娃。于是，面对同事一次又一次的邀请，他苦恼极了。

张磊不是没想过拒绝，而且与他有同样烦恼的同事也很多。比如，他一个同事也有这样的烦恼，他们在一起经常吐槽这件事。同事说，之前有个同事（他比张磊早来公司两年），就是因为不参加同事的聚会，最后被同事边缘化……最后，他不得不离职。

张磊听到这个例子，面对同事的聚会邀约时，就是再不情愿，若没有合理的理由，他更不敢拒绝了。

同事间偶尔联谊、偶尔聚会，对联络感情确实有帮助，对身体及精神放松也有益，所以偶尔参加，还是有必要的。

但是，过于频繁、只为吃喝的聚会，就没必要经常参加了，因为这是无效应酬。

我相信，有类似张磊这种烦恼的人一定不在少数。

那么，对于张磊遇到的这种情况，或者是其他你不想参加的聚会，该怎么拒绝呢？

其实，这种聚会并不是不能拒绝。这里提供两个建议，也许对大家会有帮助。

1. 邀请者比你地位高

你可以先恭维对方："谢谢您看得起我这个小兄弟（或新人），我感到很荣幸（同事间可以口语化一些），但我某某工作还没有做完，还在加班中，实在是抽不出时间呀。"

你说得越诚恳，理由越充分，他们也就不会执意要求，更不会怪罪你。

2. 和你地位差不多的同事或朋友邀请

你可以先肯定，再拒绝。如"哎呀，去吃烧烤啊？我好久没吃烧烤了，非常想去。但是真对不起，我今天确实有事，下回吧，下回我做东"。

其实，不是不可以拒绝别人，但千万不要直白地说"不"，以免让人心生怨恨。

## 不懂得拒绝，你的存在感越来越低

你以为付出越多别人就越感激？事实上人性是贪婪的，付出越多非但不能得到更多的感激，反而会让别人养成一种"习惯"——哪天你不能再付出，反而会更恨你。越不拒绝你的价值就越低，你得到的感激也就越少。

在日常工作和生活中，很多人都以为自己付出越多，在别人心里地位就越高，事实并非如此。因为不会、不想和不敢拒绝，怕影响到自己在别人心目中的位置，也希望能树立一种被需要的形象，所以，你一直都是一块“万能砖”。

公司招聘时，通常会抛出一个问题：你最擅长和最想从事的工作是什么？有一些应聘者确实不能说清自己最想做什么，但为了博得公司的好感而回复：企业需要我做什么，我就做什么。显然，这不是令公司满意的答案，因为越是“万能砖”，越没有突出的特点，也说明你对自己缺少准确定位。

小A是办公室里的老好人，只要同事家里有事，或者晚上有约会，但凡周转不开，同事都会找小A帮忙。小A觉得这是同事对她的认可。然而，当年终评选公司里最有魅力的员工时，同事却不给她投票。她情商不低，觉得一年来只要同事有需要，她都给予帮助，任何请求从不拒绝，为什么最有魅力的员工不是她，她就像打卡机一样存在啊！主管领导告诉她：“你每件事都面面俱到，每个请求从不拒绝，你自己的工作做好了吗？而且你帮忙的事情，到底是没你不行，还是没你更好？”

现实中有很多这类的例子，自以为乐在其中，别人却没有把你当成有分量的砝码，充其量是锦上添花，根本无法建立厚重的感情。所以，首先要学会对自己不情愿或者被别人故意利用的请求说“不”，如果同事再找你帮忙，你可以微笑回敬，“晚上已经和别人约好，没办法帮你了”。同时，要注意用活泼明快的口吻，让拒绝的严肃性大大降低，也顺势给对方一个台阶，更重要的是要彰显自己的身价，你的时间很值钱的。让自己的付出有价值，很值得。这种分寸在于你自己把握。

在办公室里，马波是出了名的好说话。下班后，同事们便纷纷向他求助："马波，我着急去幼儿园接孩子，你帮我把剩下的表格做完吧！""马波，我朋友结婚，得早点儿走，你7点钟能帮我接待一个客户吗？""马波，丈母娘来了，我要去车站接她，你帮我把这个文件整理一下吧！"……这几乎是每天下班后都会出现的情形，同事们总是有各种各样的原因让马波帮忙。对此，即使马波自己分内的工作还没做完，也会把同事的请求应承下来。不过，今天他实在是无法帮助同事，因为他昨天四处帮忙，导致自己的工作积压，晚上十点钟才能做完。因此，他只能哀求同事："不好意思，我的工作太多了，实在做不完了。"结果迎接他的是一张张苦瓜脸。为什么平日里能帮，现在就不能帮呢？同事不但没有感谢他平日里慷慨帮忙，反而都抱怨他今天拒绝。

对此，马波苦恼极了。他本来想通过帮助同事，建立良好关系，没想到却因此得罪了同事。为了改变这种状况，马波特意向朋友求助。朋友说："你就是过分地迁就同事，不懂得拒绝。对于其他同事的请求，帮是情分，不帮是本分。你不要为了获得他们好感而好说话，这样会让你更被动。再有同事找你帮忙，你就严词拒绝，改变你好说话的形象。"在接下来的几个月中，马波拒绝了同事的请求，专心致志地做好自己的本职工作。结果，他不但工作表现出色，还得到领导认可。在同事和领导的眼中，地位反而提高了。同事偶尔需要马波帮忙时，都会好言好语地央求。一旦马波答应帮忙，同事还会千恩万谢，再也不会因为马波不帮忙而生气了。

在职场上，为了让别人重视你，一定不能有求必应。否则，别人就会觉得你的付出都是理所当然的，也就不会拿你的付出当回事儿。这就像父母对孩子，如果照顾得太周到，孩子就会觉得父母理所应当照顾自己。只有让孩子感受到父母的艰辛，才会感激父母的恩情。

## 说不明白，就无限拖延

在生活中，有时候明知道我们拒绝的对象是死缠烂打的人，但却无可奈何。遇到这样的人，我们只能拖延，而不宜直接拒绝。虽然我们对这样的人深恶痛绝，恨不得与之划清界限，远远避开。但是，对于那些死缠烂打的人，一味地躲避并不是明智之举，与其发生激烈争执更是下下策。本来，他们的心胸就比较狭窄，甚至睚眦必报。如果你直接拒绝，他们就将你列为报复对象。假如他们是小人，那就更可怕了。众所周知，小人的报复手段向来变化多端，他们不仅懂得如何隐藏自己，而且善于使手段、耍心眼儿。纵观历史，诸如魏忠贤一类的小人，基本都是你让他一时不满意，他就让你一辈子不如意。所以，对于那些死缠烂打的小人，我们不能直接拒绝，更不能与之产生矛盾。

拒绝死缠烂打的小人，最智慧的方式就是拖延。如果你马上拒绝，定然会得罪他们。他们本身就喜欢利用别人，不占便宜就等于吃亏，如果你得罪他们，后果可想而知。

小郑是一个年轻教师，这天他找到一名特级教师，表示他想听特级教师的观摩课。特级教师说："当然没问题。不过这堂课要讲得成功，让学生、家长和领导们都满意，还要符合教改精神，我需要拿出一定的时间，好好研究一下教案。所以，请你给我一些时间，我才能邀请你听。"

其实，小郑想观摩特级教师的课，是因为小郑对他充满尊重。如果特级教师直接拒绝，必然会伤害小郑的感情，让小郑觉得他在"耍大牌"。

正因为如此，特级教师就采用拖延的办法，先答应下来，无限期地延后。

小郑一定明白，一堂观摩课根本不用准备，特级教师之所以这样说，就是为了拒绝他，但又不想伤害他。他意识到这一点，自然就不会再勉为其难了。

这就是拖延的妙处。当然，根据场合、受众的不同，拖延还分为直接拖延与间接拖延。只要巧妙使用，我们就可以在不伤害对方的前提下，用一种暗示的方法将"不"说出来。

1. 直接拖延

通常来说，直接拖延是我们最常见、使用频率最高的方法。直接拖延首先是“择日”，尤其是女孩拒绝男孩的邀约时，大多会采用这种方式。

温柔可人的丽娜，是很多男孩子追求的对象。她的邻居大刚，也是众多追求者之一。

这天，大刚买了两张电影票，邀请丽娜一起去看。还没有准备谈恋爱的丽娜，既不愿意和大刚看电影，又不想伤害他，于是就说：“大刚，真不好意思，我明天已经有了安排，实在不方便。这样吧，等哪天有空，我请你看电影。”

这种拒绝方式，就是典型的“择日”拖延。因为丽娜并没有明确到底哪天有时间，所以就存在很大的不确定性，就等于无形之中告诉大刚：我不愿意去。这样一来，聪明的人就会立刻明白其中的用意，于是选择放弃。

与“择日”拖延相似的，是“延时”拖延。延时拖延就是把时间无限期地往后延，从而达到拒绝的目的。

2. 间接拖延

直接拖延虽好，但它也不是可以在所有场合使用。通过案例我们可以看出，直接拖延有一个明显的特点，就是如果你在彼此的关系中占据主动，如丽娜对于追求者，使用这种方法就无妨；但是，如果你处在被动位置，直接拖延就会让对方觉得你在敷衍自己，反而起不到很好的效果。

所以，如果我们身处被动位置，就不妨采用“间接拖延”。简而言之，就是“含糊其词”。间接拖延讲究的是用一种不确定的语言搪塞，达到拒绝的目的，并且对方还不好抓到你的把柄，只能接受你的拒绝。

小霞是医院的护士，经常要照顾一些病人。这些病人都有一个习惯，就是总向她询问自己能否康复，是否有继续住院的必要。小霞总是这样回答：“您放心吧，虽然您的病有些严重，不过昨晚我听医生说，只要您积极配合治疗，肯定能好起来的。”

小霞没有直接否定对方，用诸如“您当然不能出院”这样的语言告知对方，因为她知道，病人都比较敏感，过于直接的否定，有时会让病人的情绪产生强烈波动，所以，她就用间接拖延的方法，“听见医生说”“慢慢就能好起来”。这种含糊其词的表述，拒绝病人不想继续治疗或提前出院的要求。

所以说，间接拖延很适合在服务行业工作的人。当然，在一些应酬场合，这种方法也能起到很好的效果。例如，在宴会上有人向你提出一些要求，这时候你可以说，“现在是喝酒时间，咱们先喝一杯，稍后再谈!”表面上看，你这是拒绝对方，但因为语言较为生动活泼，对方也就无法再纠缠下去。

无论直接拖延还是间接拖延，我们都应当学会灵活应用，根据场合与对方的身份进行选择。相信我们掌握了这些方法，就不必担心因为拒绝伤害对方了。

## 巧妙应对，技术处理

职场上，我们有很多事情需要拒绝；生活中，我们同样离不开拒绝。不过，与职场相比，我们在生活中拒绝别人，更应该艺术处理。毕竟，身在职场，有时候我们的拒绝理由不免很正当、很正确。但在生活中，我们面对的是朋友、同学、家人，甚至是喜欢自己的人。如果不能艺术且巧妙地处理，极易伤及感情。

对于生活中朋友、亲属的种种无理要求，倘若拒绝，就尽可能做得艺术些。如用一些风趣而又不失体面的语言，把你的拒绝之意开玩笑似的表达出来，不仅不会得罪朋友或亲属，还能缓解尴尬，让彼此的关系更进一步。

大作家雨果成名后，每天请帖都像雪片一般飞来，很多朋友都把他列为座上宾。作为作家，雨果当然希望自己有时间好好创作，而不是疲于无效的应酬。不过，他并没有冷淡地拒绝这些邀请。

这天，雨果拿起剪刀，直接把头发和胡子剪得乱七八糟。这时候，有人前来送请帖，他笑嘻嘻地指着头和胡子说："哎，我的发型实在不雅，这样去肯定不合适吧？真遗憾！"

看到雨果狼狈不堪的样子，邀请人觉得雨果说得没错，于是不再勉强他。用这个方法，雨果拒绝了很多朋友的邀请。当雨果的头发和胡子长好之后，又一部震撼世界的作品完成了。

雨果不想参加无效应酬，就用这种方法轻松拒绝了邀请，既给自己的创作留了很多时间，又没有让朋友难堪，这就是生活中拒绝的大智慧。当然，我们没有必要东施效颦，遇到这样的事情也像雨果一般，将自己的头发弄得乱七八糟。我们需要学习的是雨果的巧妙设计。这样，对方的不满情绪就会大大降低。

无独有偶，林肯同样也采用这种方法，轻松拒绝了一些无效应酬。

有一年，与林肯关系不错的一家报社举办活动，邀请林肯在编辑大会上发言。林肯不是编辑，觉得自己出席这种会议并不合适。但是，他没有说“国会还有事情要处理”之类冠冕堂皇的话，而是给这家报社的编辑讲了一个故事。

一次，我在森林里遇到一个骑马的妇女，于是停下来让路。结果，她也停下来，并一直盯着我，盯得我都有些不好意思。我刚想问她怎么了，她说，“见到你，我才意识到，我终于遇到了世界上最丑的人”。我也笑着说，“是啊，可是我有什么办法呢?”她说，“先生，我教你一个方法。你的容貌不可能改变，但是你只要待在家里不出来，就不会有人看到你了”。

林肯讲到这里，编辑们笑了。邀请他的那位朋友，也听懂了他的意思，于是不再勉强他在会议上发言。

林肯虚构了一个故事，对自己进行一番嘲讽，让所有人明白他的真实意图。

想要拒绝别人，并且希望避免出现尴尬，不妨用一种幽默的语言巧妙表达。这样一来，我们既达到了目的，对方还能理解并支持我们的决定。但是，如果我们的表达过于直白、生硬，效果就会大不相同。

有一年，北京市准备举办一场选秀比赛。一位企业家得知艺术界朋友是发起人后，急忙找到他说："我赞助十万元，让我做个评委怎么样?"

这位朋友严肃地说："对不起，我不能答应你。评委必须是演艺界专家，你没有这种资格。"

企业家有些不高兴："有什么了不起的！不就是一个破比赛嘛，不要拿着鸡毛当令箭!"

说罢，企业家拂袖而去，找到另一位发起人。听完企业家的要求，那个发起人哈哈大笑，拍着他的肩膀说："老哥，您这是钱太多了！把十万元花在这种毫无价值的破比赛上，不如扔到河里，还能看到水漂儿，都比这有意思!"

"你的意思是说，不合适，不值得?"企业家问道。

"是啊，老哥，完全没有意义，也没必要!"

企业家也笑了，说："哈哈，那我听你的!"

两种拒绝方式，造成两种结果。试想，如果第一个人能巧妙地拒绝，怎么会让企业家感到不快？恐怕此后他与企业家的关系一定会疏远。

当然，从以上案例中可以看出，拒绝的核心在于巧妙。也就是说，我们的表述既清楚，又不伤人。这种拒绝，不会以直接的方式进行拒绝，而是设个圈套，让求助的人自己钻进圈套中，然后发现自己的请求对方确实不能完成，因而自愿放弃自己的请求。这样的拒绝，不会给任何人带来尴尬。

重要的是，当对方遭到这样的拒绝时，会心甘情愿地接受，不伤及彼此的感情。所以，当我们无法满足朋友的要求时，千万不要生硬、直接地一口拒绝，不妨使用一些小技巧。这样做，朋友不仅欣然接受你的拒绝，还不破坏你们的关系。

## 别人凭厚黑要求，你凭技巧转移

在生活中，大多数人都遇到过朋友开口借钱的事。如果遇到关系不错或者信誉很好的朋友，你若手头比较宽裕，借钱当然没有问题。俗话说，好借好还，再借不难。但是，通常事与愿违。当你催促对方还钱时，即便要回钱，也可能失去友谊。到那时，很多人会后悔当初不借给他就好了。虽然大多数人有这样的懊悔，但又有朋友开口借钱时，很多人却不知道如何拒绝。

朋友借钱的时候，很多人都难以直接拒绝。或者因为感情，或者因为利益，或者因为日后的需要，无法说“不”。善良的人常常会违背自己的意愿，借出自己辛苦积攒的钱财。

好朋友借钱，一定是遇到难处。如果朋友信誉一向较好，又真是暂时无措，俗话说“救急不救穷”，不妨适当借给他一些。如果对方信誉不好，或者借钱的目的不纯，就要委婉地拒绝。如何拒绝才能既达到自己的目的，又不伤害朋友之间的感情呢？

前不久，宋子霖升职，收入大大提高，向她借钱的人便多了。对于应急周转的要求，她爽快地答应了，因为她性格直爽，也爱帮助朋友。但是一些朋友向她借钱，是为了买车或者买房，开口就是十几万元，让她非常为难。虽然十几万元她拿得出来，但毕竟不是小数目。可是不借给朋友，必然破坏以前建立起来的感情。

一次，宋子霖的朋友向她借钱，她就说：“因为我准备买房，钱都存了定期，手头余钱不多。这样吧，我先看看有多少，先借给你一些应急。要不我看看我妈的养老金吧！”

朋友说：“怎能动用老人养老金啊？我再问问别人吧！”

宋子霖就这样巧妙地拒绝了朋友过分的要求。

不想借给对方，又不好直言拒绝，不妨婉转、含蓄地表达，更容易被朋友接受。比如，你可以说，“你怎么不早点说？我手里的余钱上个月给父母更换冰箱、彩电了。我真想借给你，可是我真的无能为力”，或者“哎哟，提起借钱的事，我还欠别人一笔钱没还呢”。再比如，“我婆婆生病了，需要用钱”，或者“我弟弟上大学，刚给他交完学费”。这样说不容易伤感情。

陈书嘉夫妻双双失业，向银行贷款做起小买卖。夫妻俩披星戴月，苦干两年后把贷款还清了，生意做得越来越好，收入也颇为可观。陈书嘉有个中学同学叫宋志远，是个游手好闲的人，经常把钱扔进赌场或者花在一些女人身上。前不久，宋志远认识不久的女友卷走他大半存款，他去赌场发泄又输了不少钱。

一日，宋志远对陈书嘉说："我最近想开个小吃店，手头还缺七八千块钱，你借给我一万块用于周转，过段时间就还。"陈书嘉了解宋志远，知道他说的并不是实情，借给他钱无疑是肉包子打狗。陈书嘉敷衍地说："好！等我把银行的贷款还清就借给你。银行贷款的利息很高，越拖越多啊。"宋志远听陈书嘉这么说，没有办法，只好离开。

有时候可以找一些借口拒绝朋友借钱的要求，或者跟朋友说以后借给他，知趣的朋友也就明白你的意思了。比如，可以这样说，"哎呀，你要早点儿开口，我就能帮上你了。昨天我邻居家里老人生病，急需用钱，就借给他应急了，现在手头的钱仅够吃饭了。等他把钱还我，我马上借给你"。

不过，有时候找借口拒绝，比如说"我的钱由父母管着"，会让对方认为你就是不想借给他钱。所以说，如果实在不知道怎样拒绝时，不如直截了当，把你实际的难处说出来，让对方知道你拒绝他的原因是什么，他一定会理解你的。

对于不拘小节、善于幽默的人，可以用玩笑话表明自己在经济上也不宽裕。比如，"你看我的脸干净吧？我的兜里比脸还干净呢"，或者"我还想向你借钱呢，好在我没借，不然多尴尬呀"。

朋友既然来借钱，也一定做好了被拒绝的准备。有时候，得罪朋友的原因并不是你的拒绝，而是你的拒绝方式。拒绝的方式得当，既不会伤和气，还能达到目的。平时多学几招，必定能避免尴尬和为难。

## 话不说满，事不定死

每个人都有自尊心，很多时候我们会为了照顾别人的自尊心，不愿说出自己的真实想法，结果使自己陷入进退两难的境地。给别人留情面固然重要，但是在照顾别人的同时也不能委屈自己。

《三国演义》中有个十分有才华的人叫华歆，他曾经在吴国孙策手下任职。后来，孙权接替孙策，但是他并无抱负，只想偏居江东。与此同时，曹操却挟天子以令诸侯，积极招揽天下英才。华歆便是曹操盛情邀请的人才之一。

华歆决定投奔曹操。他的朋友、同僚听说后，纷纷带着厚重的礼物登门拜别。这些人总共有一千多，仅馈赠的黄金就有数百两之巨。

华歆一方面不想接受这些礼物，因为无功不受禄；另一方面，他不好当面拒绝，让人觉得自己不近人情。于是，他将礼物全收下了。

正式出发的日子到了，华歆家里热闹非凡，亲朋好友都来送行。

华歆隆重地设宴款待，等酒宴接近尾声的时候，他对所有亲朋好友说："我本来不想拒绝大家的好意，却没想到竟然收到这么多礼物。可是，考虑到我这次单车远行，带这么多贵重物品，恐怕太危险了。所以，各位的好意我心领了，礼物还是请大家各自带回吧。"

众人听后，知道华歆顾全了自己的面子，于是只好将礼物带回，并且钦佩华歆的高尚美德。

华歆开始为了顾全亲友的面子，接受了亲友的礼物，后来又当众含蓄地退回礼物，亲友不但没有责怪他，反而对他敬佩有加，这就是拒绝的艺术。

我们在沟通中要注意拒绝的态度，既不能唯唯诺诺，又要在拒绝对方的同时给足他面子。

如果想拒绝对方，也不能把话说死。类似这样的话不要说，"我们绝对不会跟你们合作""我们要是跟你们这样的公司合作，太阳都从西边出来了"。因为把话说得太死，轻则让自己尴尬，重则让公司错失良机，蒙受损失。

所以，你要委婉地拒绝对方，比如，"要不这样吧，你们把资料和联系方式留下，有消息我们及时通知你""我们需要考虑一下，有结果我们会第一时间通知你"。

一家服装公司设计了一款新冬装，因为时髦且精致，上市就被抢购一空。因此，公司决定再购买一批原材料。这个消息不胫而走，很快就有一些毛纺厂的销售员来到公司洽谈合作。

公司立即派出采购科的业务员李桐跟对方进行谈判。在洽谈过程中，李桐了解到，有一家毛纺厂最近不是很景气，就连老客户都纷纷离去。

李桐想，跟这样的毛纺厂能合作吗？于是，他对毛纺厂业务员说："您可能要白跑一趟了，因为我们已经跟另一家毛纺厂签合同了。"

毛纺厂业务员见多识广，知道这是李桐的推诿之词，便试图打消他的顾虑："我们厂以前在业内很有名，后来因为卷入一起经济纠纷，导致信誉受损。其实，我们还是有实力的，而且我们的产品质量绝对有保障。不信你看看，我特地带来一些产品。"

毛纺厂业务员从背包里掏出几块上好的产品。李桐看后，发现产品质量确实上乘，但还是觉得这家毛纺厂不可靠。况且还有几家不错的毛纺厂可供选择，所以没必要冒险。

于是，李桐很不耐烦地说："你也别费劲了，就算你们的产品质量最好，做工最精细，我们也绝对不会跟你们合作。"

毛纺厂业务员很无奈，但他还想做最后一次努力，递给李桐一份他们厂的详细资料，还有他策划的合作方案，然后微笑着说："既然这样，我也不勉强了。我把这份资料留下，如果你们看后改变了主意，请跟我联系。"

李桐没再说什么，接过对方的资料，随手扔在会议室。

后来这份资料被经理看到了，立即向李桐询问情况。李桐大致说了那家毛纺厂的近况，并且以为经理会同意自己的做法。经理却说:“不用再跟其他毛纺厂谈了，就选择这家。”

李桐只好硬着头皮联系那位业务员：“不知道你有没有空，方便的话，我们谈谈合作的事。”

毛纺厂业务员反问：“你不是说绝对不会跟我们合作吗?”

李桐有点尴尬，很不好意思地说：“抱歉，我把话说得太死了，差点儿错过这么好的合作伙伴。”

可见，在应酬中不能把话说得太死，那样做极有可能是“搬起石头砸自己的脚”。商场瞬息万变，你永远不知道下一秒会发生什么。况且，人难免会有失误的时候，你不能保证自己永远正确。所以，为了避免自己陷于被动，不妨把话说得委婉一些。进退自如才是应酬中的明智之举。